且行且珍重

阿瑟人生的奇幻漂流

柯約瑟｜著

目錄

第二章

狹路相逢勇者勝

第三章

受人點滴，自當湧泉以報

第四章

存好心，做好事，說好話

作者代表正修科技大學參加美國大專聯合校友會，並接受頒獎。

自序

每個人的人生經歷都是一部精彩的連續劇，肯定都會經歷各種酸甜苦辣，誠如「要拼才會贏」這首歌的歌詞一般──「人生可比海上的波浪，有時起，有時落……」。「人生不如意十之八九」實乃常態，大家也無需大驚小怪了。

只是每個人的命運都不同」，端看陳列在書店裡的各色書種，便有不少是成功企業家描述成功或失敗經歷的內容。所以若有人敢說自己的人生一帆風順，波瀾不興，還眞是打死我都不相信。怎麼可能在我們的人生過程裡面沒有失敗，或是不會碰到壞人被陷害，不可能的。也許是我比較倒楣或如同我有幸碰到的三位大師─聖嚴法師、星雲法師和證嚴法師給我的開示：「今世是前世的果，今世是來世的因和果」。大概我前輩子做了不少壞事，所以這輩子得還債，也因此，因緣際會地，透過朋友介紹，我與時報出版合作出版了《阿瑟創業驚魂記》一書，把我碰到的一些慘痛教訓記錄下來。目的只有一個，就是提醒大家不要像我一樣，總是碰到一些以德報怨、忘恩負義的人，筆者由衷希望讀者一生都不要碰到壞人。只是難呀！即使大家都曾被耳提面命「害人之心不可有，防人之心不可無」。但我相信，依舊防不勝防呀！

年輕時，經驗不夠，自然會犯下許多錯誤，然而經過歲月的磨練和自我的要求與努力，自然能夠越來越成熟。而等到眞正瞭解了人生的眞諦時，往往也已步向垂垂老矣的狀態！在下自然下也不例外……。我只是個平凡到美國的窮留學生，由洗碗工一步一腳印慢慢向前行。過程中碰到許多貴人的幫忙，也奇妙地遭遇一些挫折，但我從未隨波逐流，永遠保持一份初衷，熱忱待人與助人。文走至此，筆者捫心自問，這一輩子沒有對不起任何人，可謂心安理得。

第一本書是透過蕭合儀小姐協助潤筆和時報出版的編輯發行，然因篇幅有限，無法暢述，所以本人百忙之中又抽出時間再寫了這本新書，希望把上一本遺漏、未說完的故事留下一些記錄。這本新書全部是我親身經歷的故事，希望能帶給大家作爲借鏡，也算是爲自己的人生作一個完美的註解與記錄。回顧自己的一生，雖然沒有什麼大出息，但絕對是堂堂正正地做人做事，上對得起祖先，下對得起子孫，每一分金錢賺的都是心安理得。本人才疏學淺，中文底子差，無法引經據典，咬文嚼字。好處是淺顯易讀，而且也沒有什麼大道理，然每篇各有奇妙，希望劇情能夠引人入勝，讓大家讀完呵呵一笑，開心開心。畢竟我們每個人的一生真是無法控制和預料的，有誰能夠知道自己明天會遭遇什麼事情？

最後容我做個總結，做人一定要有正確的人生觀和價值觀。或許做不到孔夫子所云「吾每日三省吾身」，但只要時時記得明人不做暗事，也算不錯了。這本書等於是我對自己一生的總檢討，過程中或許下了一些錯誤的決定，然而經過歲月的磨練和考驗，我逐漸成熟也明白如何下正確的判斷與決策。最後謝謝我的賢內助，她總會在關鍵時刻提醒我。也謝謝大家的關心和捧場，本人不是文學家也不是作家，就是坦誠敘述人生的過程，沒有什麼對與錯，也有沒有什麼好與不好。祝君讀完，莞爾一笑，也屬幸事。

柯約瑟

以喜樂心，寫喜樂事

作者喜歡結交朋友，但結交再多仍是有限，因此寫書廣結讀友，分享精彩人生。人的一生看結果，也看過程；而往往過程才足以窺見精彩處。人生的每一階段猶如曲子一個個的章節，其間或低吟或昂揚，或平直流暢，或波瀾壯闊，高潮迭起，或許每一段落有其各自的旋律，扮演了各別的角色與風格，而串起每一段旋律，才成就全首的樂章，也就是人生的整體風貌。

有些上了年紀的人羨慕年輕，是，年輕就是本錢；可，年老也可以是財富，回首來時路，璀璨的前半生，濃墨重彩，何許輝煌，如果可以，是不是上了年紀的人都想不計代價換回年輕，恐怕未必。每一個足跡，縱使是跌倒的一步，也都有其不可取代的意義與價值，起落的路途，正可凸顯生命的不平凡，有起有伏正是人生樂章中不可或缺的旋律，又豈只是金不換。

作者在書中講述一己的經歷，包括成長、求學、工作、創業、人際及社會回饋，足跡遍及台灣、美國、大陸各地，內容多樣豐盛，又因是一己體驗，娓娓道來，活靈活現，又以喜樂心境書寫，趣味橫生。其題材雖多樣，其內在精神卻有其一貫的脈絡串連其中，也就是作者的人格特質，如孝順、正義感、廣結善緣、樂善好施，而積極冒險的個性，則是一生精彩的重要元素。

作者是本校校友，對學校的培育時懷感恩，其任俠樂施之行徑，回饋國家、社會、母校等等．本校亦受惠良多，特別對於清寒弱勢之學弟妹照顧有加。就以具體可稽的經費捐助而言，即包括提供土木系獎學金，與工學院合作開發計畫，支援正修校友會，土木校友會，532 同學會，創立正修美國校友會及活動，另與 532 班同學共同資助土木與空間資訊系及教師，在此，本人謹代表學校致上誠摯謝意。

曲子還在進行，人生尚未完全定調。

龔瑞璋　正修科技大學校長

【第一章】

初生之犢不畏虎

民國41年4月25號，我出生在基隆市祥豐街一號的海關宿舍。

根據母親描述，當初還是請一位助產士來幫忙接生的，

而且因為前面有三個都是姐姐，

所以媽媽在我這一胎終於誕育了一個帶把的，

當時還真是全家「舉國歡騰，普天同慶」。

老媽總算出了一口氣，但也是她的苦日子即將展開了……。

壹

祥豐街一號

嚴格說來，母親這一輩子被我折磨得非常辛苦。

我的父母親都是湖北省漢口市人，年輕時都是帥哥美女。後來經友人介紹認識，加上雙方家庭也覺得門當戶對，於是很快地便訂了親，決定婚後一起去重慶念大學。只是萬萬想不到尚未出發去念書，日本就宣布投降了……。結果，父親考上「上海國立稅務專科學校」，於是改去上海念書，惟母親因腹中已有大姐，所以就待在漢口待產。父親畢業以後便直接待在上海的海關實習，只是後來因爲日本人在台灣設立的海關撤離，所以他們那一個梯次的同學就被調到台灣來接收。民國36年（一九四七年）初，母親帶著大姐由漢口搭船到上海再轉到基隆和父親會和，一家人終於算是團圓了。之後，二姐、三姐、小妹和我陸續在台灣出生，而中國大陸在民國38年（一九四九年）完全解放，我們當然就無法再回去漢口了。

話說我個人對童年開始比較有記憶的時段是母親把我送到王神父辦的「若仁幼稚園」，那時候應該也有四、五歲了，我還記得幼稚園都是用「人力娃娃車」來接送小朋友上、下學。那是一台需要人力踩踏的大型三輪車，車夫頭戴斗笠，努力地用雙腳蹬著娃娃車。後座則是一個長方形的車廂，小朋友全部塞在裡面……。車廂裡雖然也有座位，可是因爲小朋友實在太多，所以有一大半的學童都得站著。而我們家算是每天車夫接送的最後一站，回家時則是第一個下車。那時我在幼稚園中也算是個大塊頭孩子，所以自然會開始作怪了，人性醜陋的一面在當時就已完全顯露出來了。記得只要我一上車，就會要求有座位的小朋友讓座給我，不肯就範者當然就是一頓痛打；回家時也是一樣，眞可說是小惡霸一個，非常可惡。當然，世間事就是這樣─若要人不知，除非己莫爲，終於，小朋友們紛紛向家長和老師打小報告，而導火線是因爲我把兩個小女生的辮子綁在一起，害她們沒有辦法分開，我自覺好玩極了，但卻惹得她們倆人抱頭痛哭流涕。事後，這倆個小女生的家長一狀告到學校，母親除了向對方賠禮道歉，也爲了免除我再犯，於是只好忍痛單獨幫我包了一台「三輪車」，做爲我上下學之用。但其實家裡當時的經濟並不寬裕，如今想想，實在難爲母親了。

只是好景不長，我還是又出事了。例如大家上幼稚園最渴望的午後小點心，學校派分的幾片餅乾和牛奶，我看到有些同學吃得比較慢，便把點心搶過來吃；下課時間大家在玩盪鞦韆，身爲校園惡霸的我一到，大家又是趕快讓我先玩免得被修理……。如今回想，校方當時好像也拿我沒辦法，而母親因爲是虔誠的天主教徒，也經常幫忙教會辦活動，大家看在母親的面子上也不好意思太爲難我或處罰我。結果不知道是哪一位高人想到的法子——校方表示因本人天資聰穎，所以不用再念幼稚園了，而校方爲表慎重，甚至給了我一份畢業證書，讓我才念了幾個月的幼稚園，就以天才兒童的假名義提早畢業了。

而事情演變至此，父母親因爲沒辦法，所以乾脆把我塞進基隆的「正濱國小」當小學一年級的旁聽生！

小時候，我們一家住在基隆海關宿舍，那是一個日式平房，地址是「祥豐街一號」，家裡有前廳、後院，院子裡種著味道酸澀的小橘子以及許多花草樹木，是一座非常好的庭院，圍牆外面則是一個大大的網球場，也是我們平日玩耍的地方。傍晚時，大人們坐在外面乘涼、喝茶、聊天，小朋友則是聚在一起玩遊戲，大人小孩均不亦樂乎。海關宿舍是接收當初日本人的海關宿舍，在當時可說是非常好的日式平房，環境優美，地方寬敞，大約一共有六、七十戶左右，非常熱鬧。過年時，家家戶戶放鞭炮，圍桌吃年夜飯，小孩子們等著父母親發壓歲錢……。而母親婚前是家中的大小姐，但嫁人後來到台灣，卻也是一肩扛起家務，蛻變成什麼事情都能做的主婦。例如母親會將教會發送的舊衣改成新衣讓我們過年穿，還記得母親曾將三套完全一樣的紅色大衣改給大姐、二姐和三姐穿，我手邊還有一張老照片就是三個姐姐穿著同樣的紅色大衣合照的，記得我當時大概只有兩、三歲吧。

當年因爲物資缺乏，小朋友們其實也很容易滿足，一顆地球糖就足以讓我們滿意得不得了。過年時拿著壓歲錢去買一毛錢一個的地球糖果，或是小小的「吧咘吧咘」冰淇淋，以及我最愛吃的凍凍果等，這就足以讓我們高興好一陣子了。此外，宿舍裡偶爾也有文化部門來播放電影，當時播放的都是黑白片，我只記得其中一部是演「阿里山的姑娘」的故事。每次放電影時，主辦單位就會在我們家前面的網球場拉一個白色大布幔；只要風一吹，銀幕上的人也會跟著飄呀飄，大家看到這邊往往笑得更開心。筆者小時候的台灣物質缺乏，但大家並不覺得苦，精神上可說非常充實，在田地裡撿拾剩下的青菜或地瓜、去小溪裡抓魚蝦、摸蛤蠣……，如今回想起來，那段日子眞是快樂得不得了啊。

出國幾十年以後，我曾再回去兩次，第一次回去時，老家還沒有拆掉。然第二次我和大姐、小妹再返回時（二〇一九年），老家便已拆除變成了一塊空地。

寫到這裡，心裡徒呼可惜，以前的日式老房子一棟也沒留下，這些美好記憶，只有留在各自的心裡了！

貳

小霸王提早就學，懷念小學蜜月期

話說大人們因爲無力管束我這個小霸王，所以幼稚園乾脆讓我提早畢業，免除後患；而母親拿著我的幼稚園畢業證書，來到學區的正濱國小幫我註冊，我至此開始了另一段精彩的國小求學生涯。

因爲當時年紀尚小，還不到該入學的年紀，學校拗不過母親的懇求，於是破例收容我當一名「小一旁聽生」——條件是如果學業成績跟不上，我就必須得再重念一次小學一年級。當時我大姐正好在念小學六年級，二姐是四年級，三姐則是二年級。記得大姐書讀得不算突出，反而是二姐和三姐，總是班上第一或第二名的常勝軍。而我這個非正式的小一學生，從此突然多了三位家教老師。大姐名約玲，在校非常活躍，總是忙她自己的事情，並不太會管我。倒是二姐約芬可兇了，記得她小時候經常K我，算是少數制得住我的人。至於二姐約筠，她則是對我最好也最常護航我的人，我的許多功課都是她幫忙寫的。最後是小妹妹約蘭，她比我小五歲，所以在她入學時，我已準備升國中了。只不過因爲父親調職，在我小學四年級時，全家便搬到高雄了，而我也只好轉學到高雄就讀。如今算算，正濱國小成立至今也有一百年的歷史了。

大姐書念的雖然普通，但卻是多才多藝，能唱能跳，演講是一級棒，記得她永遠都是代表班上參加演講比賽並取得第一名的佳績。我就是請她幫忙參謀參謀，所以也在一年級時代表班上參賽，拿了一個演講第一名回來。小學一年級的課程實在非常容易，國語課程就是學習寫一些字，數學則是加加減減，其他課程都是玩樂的課程（可惜沒有吃喝），自然輕易地就能排在班上前幾名，小小旁聽生就就順利轉成小一生，成功升上小學二年級。只不過當時的班上同學們都比我大上個一、兩歲。

還記得正濱國小建在半山腰上，我們由海關宿舍走到學校大概需要十來分鐘，可能是個子還小，當時總覺得路途遙遠。每天上下學時，路旁總有許多專賣吃喝玩樂的小攤販，只是大部分的小朋友身上都沒有零用錢，就像《童年》那首歌的歌詞一樣──「口袋裡沒有半毛錢……」，我們也只能看看而已。正濱小學依山而建，景色相當不錯，學校後面的山上林木茂盛也有小溪，正是我們下課後探險的好去處。夏天泡在清涼的小溪裡實在過癮消暑，山泉水更是清涼解渴，甜美無比。

反觀上課情況，則是讓人一想起來便嘆氣……。因爲校舍都是木頭平房，玻璃窗大概有一半以上都是破的，所以只要一下雨就會潑水進來，破爛的窗戶只能請老師們幫忙修補，加上屋頂也會漏水，黑板也是破爛不堪，老師們總是節儉地使用粉筆，課桌也是坑洞一堆，所以當時每個學生都會以擁有一個名叫「墊板」的塑膠板爲傲，因爲這樣一來，才能將書本放在墊板上書寫……，總之，我們當時的念書環境實在非常艱苦。所以我特別瞭解大陸過去窮苦地區的學校，也在自己的能力範圍捐贈了一些小學。

那個時代的小學都是男女合班，而且大致都是男女各半。班上也有許多小美女，記得我當時的小女朋友叫刁美娜，她和我搭檔參加了一年級的「對話」演講比賽，就是如同說相聲一樣我說一句，她問一句或是回答一句。當然，劇本是由老師提供的。我記得一開場我說的是：「刁美娜，我們就要回家了。」

她回答：「柯約瑟，我們剛剛才上學，怎麼就要回家了？」

我回答說道：「我的意思是，我們就要反攻大陸回老家了。」……後面記不得了。結果我們捧了第一名回來，導師高興得不得了。而這個第一名的獎狀也成爲了我這一輩子第一張也是最後一張的第一名獎狀。

在正濱國小就讀期間，我對一位導師左老師特別有印象，因爲我老是不明白他爲什麼對我特別嚴格？記得當初好像是小學三、四年級要開始背九九乘法表，我只要一背錯，他就是一巴掌呼過來！另外還有印象的則是一位美麗的音樂老師，我還曾經暗戀過她好一段日子呢。再來就是有一位來自湖北鄉親的軍官，他習慣會在週末時來家裡找父母親聊聊天，晚上便在家裡吃飯以慰思鄉之情。記得他也曾教我一些功夫，例如小洪拳、用小石頭當飛鏢暗器以及一點擒拿功夫等，這些對我將來闖蕩江湖可是非常有用處。

叨叨絮絮說了這些，四年的小學生涯就這麼迷迷糊糊地過去了。直到有一天，父親下班回家宣佈我們必須搬家了，因為他由基隆海關調到高雄海關任職……。

作者滿周歲時，與母親合影。

父母當年的的結婚照。

參

國小班導師幫倒忙，人生不如意十有八九

民國51年，就在我準備上小學四年級的暑假，我們全家跟著父親大人搬到了高雄。對我們來說，當時的高雄和臺北，環境可說是天差地別，例如在北部，說國語到處都可以通，可是到了高雄，如果不會說台語，那幾乎是哪裡都說不通了……。

當年轉學進入高雄鼓山區的鼓山國小念五年級。第一天來到學校報到，所有同學和老師只有上課時說國語，其他時間因爲老師們受的是日本教育，所以絕大多數私下都說日語，同學們也只用台語溝通，而這可眞把我搞慘了，因爲我當時根本一句台語都不會說，加上全家也沒有人會說一句台語，只有媽媽因爲雇用一位每天來洗衣服的中年太太，每天跟她學一點，還算派得上用場，而我，私下再請洗衣服的歐巴桑媽媽教我，再趁著每天下課時偷聽同學們的對話，好在我還算有那麼一點語言天分，就這樣，幾個月以後我基本上便可以溝通了。直到今天我的台語仍然不錯，只是仍有那麼一點點的外省腔調。

我已不記得自己在鼓山國小念書時的班導師姓啥名誰，就只記得他幾乎就是日本電影裡的老師翻版—戴著日本人專用的圓形鏡框、身上穿的不是白色就是淡藍色襯衫，打個領帶再配上白底咖啡色條紋的皮鞋。同學們曾經警告我，這個老師不但要求家長們必須在三節時贈送禮物，還會對小朋友做一些不禮貌的肢體行爲。當時我不以爲意，直到有一天終於輪到我了……。還原當天的情況是—他把我叫到教室外，請我回去問問父親買一個日本的照相機要多少錢？並且請我父親託人到日本幫他買一個……，但其實他是希望我老爸買來送他當謝師禮。我回家後跟父親說了這件事，而父親聽完只用日語暗暗罵了一句「吧蓋牙魯」！而老爸這是臭脾氣的大清官，當然不會理會老師的需求。所以唉……，當然結果是我「慘」了！至於有多慘，留待後話再說。

認眞說起來，我最懷念鼓山國小對街後面，廟口前的那個廣場，市集裡有各式各樣的台灣南部小吃，還有各種江湖賣藝的，以及小朋友最愛玩的小攤子；加上專看鐵打損傷的國術師傅，內容眞可說是五花八門，熱鬧得不得了。而我們全家最喜愛的就是廟口的肉羹麵線，每隔幾天就要去吃上一碗解解饞。而我們的新宿舍位在「哨船頭」這個區域裡，宿舍大門外就是個小碼頭，父親總是搭乘小汽艇去上班。換句話說，我們家離海邊非常近，附近有一個截至目前仍算是高雄知名景點的海水浴場，名爲「西子灣」。記得當時海水浴場裡還有一個前總統蔣中正先生當時的行宮。只要他來這裡住宿，我們這附近的街道還眞的是「五步一哨，十步一警」，氣氛格外緊張呢！記得當時的海水浴場門票是每人五毛錢，但我們即使向父母要了五毛錢，也捨不得花在門票上，寧可冒險跑到遠遠的岩石上跳到海裡，再隨著海流偷偷潛泳進海水浴場，畢竟五毛錢可買一個山東大餅了，大夥兒還眞是只要錢不要命喔！但其實當時的小朋友們各個都是在海邊長大的，大家都是游泳健將，更是潛水和釣魚的高手，所以根本沒人在怕的。

小學老師要求所有打算升學的同學都要利用晚上做課後補習，這當然不是免費的，是班導師私下的「潛規則」。我放學回家後告訴父母親，他們無力抵抗，所以也只有乖乖繳納每個月的惡補費用。但說是課後補習，但其實根本是在浪費時間，因爲老師只幫忙補習國語和數學，這對升學根本沒啥幫助。國語也就算了，即使是數學，也不過就是複習加減乘除這麼簡單的課題。就連我從小到大搞不明白的「雞兔同籠」題目，我也總是渾然不解—明明是計算一個籠子裡總共有幾支腳這麼簡單的題目，但我的「小腦袋」卻永遠想不通爲什麼「雞和兔子要關在一起？」加上班導師總是遲到早退，只是要求我們天天做模擬考試，待我們做完後就說說答案，實在毫無意義，無聊透頂。所以，我在參加惡補幾個月後就打算退出了。只是這一下子，哇，我可慘了，班導師一聽說我要退出，先是好言相勸，但我仍執意要退出，結果他老羞成怒，加上我老爸不肯上當送他照相機，所以，他乾脆找個機會K我。到了六年級下半年，甚至不讓我和升學班的同學一起上課，我一看，乾脆夥同不打算升學的同學一起幫老師們清理辦公室與廁所，甚至是校園，或是去老師家裡幫忙做家事、清理房子，成了免費的「童工」，當然，這種情況我也不敢告訴父母。只不過半年沒有好好上課，成績到底還是有些影響；幸好底子還不錯，初中聯考沒有名落孫山，幸運地考上高雄市立八中就讀。

哈哈，感謝上天，我終歸是要上初中了！

肆

中學時期紛擾撻伐，成就人生的基底

話說雖然沒有替父母親增光，考上高雄最棒的初中，可也算是沒有丟了臉面，因爲在宿舍裡沒有考上中學的大有人在。而我這個厚臉皮的小夥子，自然也就高高興興地當起中學生去了。

高雄八中位在高雄左營區知名景點「蓮池潭」的對面。當時也是鄉下偏遠地區，但風景優美，綠油油的的水稻田地，水牛拉車耕田，加上路旁的奉茶，南部人的勤奮熱情，眞可說是一片祥和。台灣南部的小吃更是好吃，只是當時的我口袋空空，沒錢品嚐。老百姓雖然生活清苦，但精神上可是非常充實，加上當年隨時還要準備反攻大陸，解救在吃樹皮，水深火熱的人陸同胞！總之，一切都很平實！

八中其實剛剛成立不久的學校，我們算是第二屆，而且學生的素質普通。所以哈哈，這可讓我有機可乘了。我的質資還不錯，當時對我來說念書不是大問題，端看我想不想認眞念而已。輕易地，我在班上的成績就名列前茅了。有一天晚上放學回家，肚子突然絞痛不止，母親看我不是假裝的，所以立刻把我送到天主教樂仁醫院掛急診。（記得這間醫院位在高雄省女中對面，教堂仍然還在原址。）一檢查後確定是急性盲腸炎，要馬上開刀，就這樣，年紀輕輕的我，肚皮上就被開了一個口。當初幫我動手術的醫生是從美國來的女醫師「黛修女」，而且使用的是當時最新的腸線縫合傷口，也就是不需要拆線的。至於爲何能夠享有這種「帝王級」待遇，因爲就是父母親經常幫忙這個天主教醫院辦活動、募資金等等（所以平時一定要多做善事，幫助別人呀），所以院方對我自是照顧有加。否則以我一個小鬼頭，竟然可以住頭等病房而且不收分文，這根本是天方夜譚啊。而每天雖然不是山珍海味（剛剛開完刀也不能大吃大喝），倒也是餐餐清爽可口，加上有母親每天的殷殷陪伴，鼓勵我起床多走動，恢復體力。想到這裡，我還是眞懷念自己偉大的母親呀。

就這樣，我在醫院待了大概四，五天，之後又回家休養了一周，緊接著便返回八中完成初中一年級的上學期課業。等到放寒假時，父母親突然告訴我下學期不要再去念八中了，因爲他們已幫我辦好轉學手續，希望我改到左營的海青中學就讀。當年的海青中學是海軍子弟學校，所有的學生父親都是在海軍服役的，我的父母之所以可以把我轉進海青就讀，一方面是父親在海關多少也算是個與「海」有關系的單位，加上校方正好也在考慮試收一些外面的學生，所以只消動動關係，海青就勉強收下我了。就這樣，我初一下學期就轉學進入海青中學報到了。

海青中學是一所男女分班制的學校，採用規範嚴明的成績分班制度治學，例如男同學的成績若在90分以上是甲班，80分以上是乙班，70分以上是丙班，60分以上是丁班。女同學則是戊、己、庚、辛，以此類推。記得我當時的學業成績平均約在88.8分上下，所以就被發配到「乙」班就讀。也幸好，眞的是幸好，因爲若眞進入「甲」班就讀，以我的程度，肯定三天就被幹掉了。畢竟海青「甲」班的同學都是超級優秀的奇才，據我瞭解後來不是讀到博士就是位列將軍、名醫或大藝術家，要不然就是企業家，記得學校還出了一個臺灣的行政院長（林全）呢！

我就這樣進入了海青一年級乙班，開始我求學階段的另一個新環境、新的開始、新的挑戰。海青中學的男、女同學幾乎百分之九十九都是外省子弟，與我在鼓山國小幾乎百分之九十九是本省子弟的環境截然不同，即便是八中，大概也有百分之七十是本省子弟，這對我實在是一個非常大的轉變，加上海青的同學們幾乎全都不會說臺灣話，而我因爲環境的養成，所以即使說臺灣話也還是帶有一點外省腔，而偏偏說國語又參雜著一點臺灣口音，總之就是又成爲了同學們欺生和找麻煩的對象。換言之，我在鼓山國小學的噩夢又要歷史重演了。唉，說眞格的，還眞是苦命呀！

同儕尋仇糾紛不斷，臨危不亂結局大異

當初的外省子弟，父母親大部分都是軍公教人員，擁有國家發放的配給，還可以到教會領取美國援助的麵粉、牛油 還有舊衣服等物資，所以外省子弟的營養一般都比本省籍的臺灣子弟好上許多，何況還有許多外省子弟屬於北方大漢的後代，身型自然也就長得特別高大。說起我因為提早入學，記得進入海青就讀時，同班同學很都多人都已比我高出一個頭。試想，一個個子矮小的新生，操著帶有臺灣腔的國語，自然成為大家調侃和找麻煩的對象。

僵持到最後，第一個與我對戰的是一個小胖子，大概是認為我好欺負，總是不斷挑釁我，直到我實在忍無可忍，雙方終於開打了……。這位小胖子當然不知道我過去的英雄事蹟，須知我早在鼓山國小時便已是身經百戰、力戰群雄的豪傑了，如今打一個小胖子，根本就是小菜一碟。何況此時的我早已開始在練柔道和劍道了，

我心裡清楚與這個小胖子的首戰一定要勝出，如果不狠狠地K他一頓，打響第一砲，自己將來在海青就沒得混了。所以，我對他自是毫不留情地既是打又是摔，而這一下可是震驚武林，轟動萬教了。畢竟一個操著臺灣口音的小鬼頭居然敢在太歲頭上動土，這可怎麼是好？故而事情演變的結果是，唉……，我又疏忽了一件事，那就是海青中學屬於海軍子弟的學校，小胖子的親朋好友都念海青，我打了一個小胖子，惹來的竟是一大串的是非！總之，哎呀，我在鼓山國小「臭小子大戰群雄」的噩夢又要再來一次了。

記得當天的情況是這樣的：有一天，我放學走出學校大門，感覺情況有點不對，遠遠地就看到小胖子旁邊有幾個大漢分明就是沖著我來的。哈哈，幸好我早有準備，摸一摸口袋中的小石頭暗器，並且看好逃脫路線，心想只要情況不對，我拔腳就跑。表面看起來平靜無波，我硬著頭皮繼續向前走，而小胖子看到我，向我招招手說：「柯約瑟，請你過來一下……」口氣感覺非常客氣，不像是來找尋仇的，但他立在他身旁的兩個三年級的大漢確實有些恐怖。我一邊慢慢走過去，一邊盤算如何打贏這一戰，決定應該先攻擊兩個大個子的下盤，用腳踢他們的膝蓋或小腿，也許再加個過肩摔之類的，然後拔腿就跑，同時向後方發暗器……。待擬定對戰策略後，我一鼓作氣地走過去，站在小胖子前面。而他對我說道：「這是我念三丙的大哥，這一位是我念三丁的堂哥。」My God，我聽了就已經涼了半截，丙班和丁班都是學校裡面的江湖好漢，聽說他們都已經在混黑社會了，都是什麼「幫派」的英雄好漢，心想這次死定了。還記得自己當時眞心希望有一把木劍傍身，那就是來上個七、八個也不怕。豈料這時有位大哥開口說話了：「你小子很有種，連我們家小胖你都敢打？不過因爲錯在我們家小胖，所以今天我們特別帶他來向你道歉，希望你們將來能成爲好朋友，以後也請你不要再找他的麻煩……。」乖乖，這番對話完全不是我期待的內容，我原來以爲今天非有一場惡戰不可，豈知對方竟主動來道歉，好像還挺有「江湖道義」的。怎麼回事？搞不懂？大概他們已經是江湖人士了，這種事好像只有在武俠小說裡才會出現。

雖說結局不如預期，當我當然是見好就收，所以也學著他們的口氣，配上老軍官以前教的「洪門」口條說道：「哪裡哪裡，都是一場誤會，兄弟初到貴寶地，還沒有了解情況，請各位大哥多多包涵！」這時，三丁的大哥說話了：「喲，聽來你小老弟也是混過的，以後大家互相照顧，有事就來找我們，你是混那裡的？」其實我哪裡有混過，可是既然已經開口了，所以也只有順水推舟說：「我是高雄哨船頭的！」其實我當時根本就是胡說八道，因爲家裡的地區叫作「哨船頭」，情急之下隨口亂扯的。（但多年後才知道，當時跑漁船的漁工大都是「哨船頭幫」的臺灣掛）。孰料誤打誤撞之下的誤會，竟讓我從今往後在海青這幾年從未碰過其他人來找麻煩，大概是這兩位大哥有放話，讓我在海青兩年半的時間裡只打了三、四場架而已。話說外省人素來不打群架，所以若採一對一對戰，我根本就是占盡便宜，何況我此時的劍道和柔道已在不斷進步中，師父不斷提醒我們不可以在外面惹是生非，所以我算是控制相當好的。直到初三時，我甚至參加高雄初中組柔道比賽並且取得第三名的佳績，於是乎，我順利獲得黑帶初段的成績，自此，行爲也就更加收斂了。

海青的同學們比較活潑，鬼點子也多，眞可說是人才濟濟。而家長們因爲都是海軍，比較洋派，所以我們初中時就已經知道自己安排籌辦舞會了。同學們喜歡唱英文歌曲，女同學們更懂得打扮，學校裡眞可說是美女如雲，有些人甚至已經開始交男女朋友了。海青的同學們因爲從小就生活在一起，所以關係更是緊密，許多人畢業至今仍會年年聚會，感情眞得很好。只是當初的帥哥美女，現在都成爲了老先生和老太太了，多年以後，海軍把海青中學移交給高雄市政府，並且改制成「海青工商職學校」。

升學路崎嶇，計畫始終趕不上變化

海青的老師們也是人才濟濟，學問和見解都比我以前和以後的老師們高出特別多，非常優秀。我們的音樂老師王藕堂女士治學嚴謹，而且永遠都是「棺材板」伺候，這也讓我們學習到很多的樂理。數學老師翟炮總是用他山東腔的口音，採唱歌的方式教我們背代數。另外一個不能不提的恩師就是沈天錢老師，記得我一年級念的是乙班，二年級念的是丙班，三年級則貶到丁班，但老實說我的成績並沒有那麼差，因爲沈老師是丁班的導師，所以硬是把我調到丁班去上課。沈老師的外號叫「老沈」，所有同學私下都這麼稱呼他，我也不知道爲什麼沈老師特別關注我，他也是我們的國文老師，我親眼看過他的教學課本，上面寫滿密密麻麻的註解和授課重點，除了關注教學品質，他更重視我們的品德教育和愛國情操。

此外他也是童子軍的老師，每年都會帶著三年級的學生去畢業旅行。記得我們那一屆是去屏東的墾丁公園，可惜不幸的是發生車禍，死了一個老師和學生，還有很多同學都受傷……，老沈非常自責，從此以後海青就不再舉辦畢業大露營了。附帶一提的是，老沈申請一筆經費，買了六個小鼓，成立了海青中學的鼓樂隊，我是第一批被挑選上的成員，大概因爲我們前面六個人表現都不錯，而且當時海軍官校的鼓號樂隊非常有名，總之海軍總部再次撥款給學校，至此，海青中學鼓樂隊正式成立，我們就由六個成員擴編到五十人的鼓隊，而我們6個人就成爲了種子教官，如今想想實在很有趣。畢業三十年後，美國海青校友會派我返回臺灣尋找沈老師，最後也終於找到了，大家邀請他和師母一起到美國參加校友會，只可惜沈老師和師母因為身體欠佳，最終並未成行。而我私下打了一條金項鍊，並在返回美國前，送給老師一表我的感恩。

一轉眼，我已經升上初三，準備要報考高中了。依照海青中學歷來的錄取記錄，大概是甲、乙兩班差不多都是直升第一志願，像是男同學就是進入省立雄中，女同學就是高雄女中；至於後面兩班的男、女同學，大概就是省立鳳山高中或是左營高中，最後是丁班嘛，大概就是陪考的份了……。話說回來，我報考高中名落孫山，差點沒把爸媽氣死，還記得老爸本來想好好痛打我一頓，大概後來想到我已是黑帶教練的程度了，打我也沒啥意思，所以放棄K我，而打是免了，但還是狠狠痛睆了我一大頓，只差沒有將我逐出家門。而我自己也覺得非常沒面子，於是接著就去報考私立天主教的道明高中和正修工專，豈知報考這兩所學校比高中聯考還難。哈哈，可能是因為我奮發圖強了一個星期，萬萬沒想到兩所學校都被我考上了。而老爸看到這種結果更是火大，他認為我既然能夠考上這兩個學校，那為什麼高中聯考竟然沒有考取……?想到這邊我當然是「無言以對」,但無論如何,結果就是這樣了,所以只能細細考慮自己應該報名哪一個學校?細心的母親在考慮後認爲我如果念一般高中,將來還得報考大學,恐怕又是陪考的下場,於是毅然決然地建議我應該去念正修工專。而如今回想起母親當時的明智決定,我實在由衷佩服。

我一輩子感激自己偉大的母親。

最後容我閒嗑牙一下:海青中學,多年後改名爲海青工商,學校正好也有一個土木工程科,我於是每年捐贈十個獎學金名額讓同學們去爭取進入正修科技大學。畢竟兩個都是我的母校,我這麼做還眞算是一石兩鳥,哈哈!

伍

漫長的五年……，我在正修的美好時光

臺灣當初的五專學制等於是三年的高中教育再加上兩年的大學專科教育，還記得進入正修工專就讀是民國55年的事，我們的班級編號是532，5代表民國55年（1966年），3代表土木工程科系，2則是乙班，然後根據報到時的身高順序，依序排學號。而個頭兒原本一直都不太長的我，竟然在那一年的暑假突然竄升了十幾公分，記得初中畢業時的我只有一百五十二公分，萬萬沒想到僅僅一個暑假，我竟然快速長高到一百七十公分高（我目前的身高是一百七十八公分）。

最後，我的號碼確定是第31號，全班當初一共有四十八個人，新生訓練的報到時，哈哈，突然發現從海青中學一起畢業的同學兄弟們，通通來正修念書。老兄弟們相聚自是非常興奮，粱治、小葉子、鴨子、老面、顯輝……，大夥兒從海青一直同班到現在，共度了近八年的同窗時光。

進入正修時，我是十四歲，同學們大部分平均年紀都已十六歲了，甚至還有幾個同學是爲了躲避兵役才來就讀，他們大多都已十八、九歲了，換句話說，全班同學的年齡差距還眞大，而小弟我呢則是全班年紀最小的那一個。此外，全班同學的戶籍剛好也是本省外省各半，不過因爲當時政府大力推行「大家說國語」的國家政策，於是大家在學校都以國語交談，看似沒有任何的隔閡。而正修的老師也多半出自臺灣知名大學畢業的年輕老師，學識豐富，也比較容易和學生們相處，所以整個校園風氣非常和睦。當然，總免不了有幾個怪怪的老師，不過大部分撐到最後都被我們一一幹掉了。

話說同學裡面當然也有一些怪咖出沒，我總搞不懂他們爲什麼會選擇正修來就讀，因爲以他們的實力，眞應該去念台大或成大才是，例如劉昌南、關上思兩位就是我們班上品學兼優的好學生。記得我們工專畢業後，他們轉而就考上臺灣非常難考上的「土木高等考試」，也就是所謂的高考，而有了高考的憑證，無異就是擁有了「土木高等技師」的執照，這可是其他知名大學的學士甚至碩士都不見得考得上的喔。而這張執照可是老闆開營造廠和建築公司必備的執照，老劉和老關憑著這張寶貴的執照，想來這輩子肯定前途光明！而同學也沒讓我失望，他們日後都有回饋母校，出錢出力，幫助學弟妹們。

在正修讀書的漫長五年裡，實在發生了太多太多的事情，精采程度足以寫一部小說了。但礙於版面，我也只能在這邊重點敘述。正修工專的校訓就是「正心修身，止于至善」，學校是由鄭駿源、龔金柯和李金盛三位共同出資創辦。校址位在高雄有名的景點澄清湖畔，加上當地出產特別大的貝殼，故又名「大貝湖」。這三位創辦人原本是預備投資興建觀光飯店的，但後來因爲三位校董的夫人建議他們做些有意義的事情，爲臺灣南部培養人才，正修工專於是誕生。

此外，這三位創辦人立誓，所有的學費收入全部用於擴建學校，而三人永不分紅。經過五十多年的努力經營，今天的「正修科技大學」培養了十幾萬的高雄子弟，堪稱是南臺灣最大的私立大學。正修目前的校長龔瑞璋博士是創辦人龔金柯的公子，年齡和我們差不多。他實在是一個傑出的校長，領導有方，建樹貢獻良多。我有幸於數十年後應邀參加學校的畢業典禮，並對學弟妹們演講鼓勵大家。同時從李金盛董事長手中接下傑出校友的獎牌。更巧的是，李董事長的女兒竟是我太太在美國的好朋友，兩個孫子和我的兒子更是從小一起長大的同學。所以說啊，人與人之間的緣分，實在奇妙！

只要有緣，相隔千萬里亦會來相見！

功過相抵，記大過也能順利畢業

當年，臺灣仍處在戒嚴時期。每一所高中、專科和大學，都會聘請由軍中轉任到學校的教官來管理校園秩序。他們的權利特別大，負責管理和控制學校裡所有師生的思想和言行，無異就是擁有生死大權的一群。優秀的學生都會被教官吸收進入國民黨，而像我們這種品學不優、調皮搗蛋的學生，當然不在考慮之列，而且還往往就是讓他們最頭疼的學生⋯⋯。

我當然也沒有讓他們輕鬆過日子，爲了以前海青的同學被叫「中國豬」，我夥同海青的同學們一起痛打了對方一頓，而對方不甘示弱，隨後也吆喝了一大票人前來學校尋仇。海青的這幫同學們因爲不會說台語，所以就由我出面談判，結果沒想到，對方的老大竟是我以前念八中時的同學，大家一見面就開心得不得了，之後自然也就握手言和，輕易解決了。但即便如此，也不知道教官們是怎麼發現的這件事情的，發展到最後，我還是被記了一個大過，實在不划算。說起我在正修這幾年，總共也不過打了兩次小架，而且說眞格的還根本沒有打起來，可冤枉的是兩次都被教官碰上，所以，又是兩個大過奉上⋯⋯。此外，抽煙被人告，訓導室又送上一個大過給我。又例如最後兩年，我因爲當選班代表，所以本著爲同學們謀福利的宗旨，帶領同學罷課，甚至還跟班導師吵架，而這事情最後當然也是大過一次，實在倒楣。而我甚至連掩護同學考試作弊，也能被學校再記一個大過以資處份。總之，我幾乎是每星期都能以小過和警告等處份登上學校公告欄，知名度可是響噹噹啊，而今回想起自己在正修的這幾年，也只能說是風波不斷啊！

但壞事雖多，好事也不算少，各位一定很奇怪我被學校記了這麼多的大過、小過，怎麼沒有被開除？哈哈，其實我可厲害囉，因爲學校當年有規定，功過可以互相抵消，我爲了留在學校念書，每天可都在努力想方設法地記功補過，例如參加學校樂隊，擔任小鼓手，這個資歷讓我每學期有一個小功的進帳。如果幸運地再參加遊行活動，則可再加一個小功。加上三年級暑假，我接受成功嶺的軍訓，幸運地竟被選上擔任低年級的打靶教官，一次可背八支30步槍，帶領同學們打靶，於是哈哈，又被記了一個大功，如此功過相抵，總算是讓我撐過這段尷尬的時光。

其實說起這些公差，多半都是沒人願意做的苦差事，但我偏偏就是樂此不疲，因爲除了有免費打靶的機會，而且還不用上課，實在太爽快了。但若眞嚴格說起來，這當中還是有比較辛苦的地方，那就是打靶完畢後要清理點槍支和洗槍。記得當年好像每洗十支槍就可再記一個小功，所以，參加學校樂隊和帶同學去靶場打靶，正好就是我將功抵過的最佳方法。據我瞭解，我可是學校至今記過最多的冠軍啊，但好笑的是，我也是唯一帶著三個大過還能順利畢業的優秀校友！

三餐冷暖自知，有幸貴人相挺

之後，時間走到民國58年（一九六九年），父親告訴我們他被榮升爲總監察長，必須轉調到臺北機場工作，當然，我們又必須再搬回台北了。但因爲我在正修的學業尚未完成，所以我只好自己一人留在高雄完成學業。剛開始，我住在學校的宿舍，後來因爲不遵守宿舍規定所以被教官趕出去。好在廚房裡的伙夫頭「老劉」剛買下一個小的透天厝，於是我就搬去他的新家，一方面有個棲身之處，另外也幫他看房子和管理其他租房的學生。其實或許是個性使然，我與廚房裡的退伍老士官們向來就是相處融洽，我一向都是直接窩在廚房裡跟他們一起吃飯，從來不排隊的。有時甚至會偷偷買「老米酒」去和他們一起喝，聽他們吹噓自己當年反共抗日的英雄事蹟。而這也是我之所以被踢出宿舍的原因之一⋯⋯。

搬出了宿舍，我還有老劉那裡可以住。老劉自己也買了幾床上下鋪的床鋪，每個學生房間裡也準備了小書桌。其他學生都是兩人一間，而我因爲是二房東兼宿舍管理員，所以當然是住單人套房了。嚴格說來，當時眞有地方住就不錯了，房子裡是不可能有冷氣或電風扇可用，夏天一來，大家都是天天汗流浹背，但老劉其實對我們還是不錯的，他幫我們添購了一個瓦斯爐，讓我們至少能在冬天燒一點熱水洗澡，有時還也可泡茶或泡麵止飢。當時我們多半都在外面的餐廳包三餐，但伙食品質實在很爛，眞要說有什麼好處，那就是飯和湯無限量供應。不過也或許是我們當時都在轉大人階段，食量特大，店家才讓我們包了一個月，某天晚上吃完飯後，他便告訴我們下個月起不再無限量供應白飯及湯了，想來眞的是我們太會吃了，幾乎快把他吃垮了⋯⋯。

這樣一來，我們又陷入三餐不濟的窘境，環顧校園附近又沒有其他餐館，身為窮學生的我們哪裡吃得起天天單獨點菜的餐館。這時，我的潛力又再度被激發出來了，幸虧我從小就跟著母親學做菜，只考慮了一下，我就決定乾脆自己開伙做飯。我告訴「老劉」大家的困境，他於是又熱心地幫忙添購一些鍋碗瓢盆等廚具，有空過來檢查房子時也順便幫忙帶些食材（大概是從學校宿舍餐廳摸來的……），每想至此，我總是感恩不已，老劉實在是我人生中的貴人之一，感謝上天讓我認識他。而我既然決定自力更生了，所以自當開始安排策略和招數，心想臺灣實在太熱，加上宿舍沒有冰箱來保存剩飯剩菜來做為第二天的便當，於是我決定爭取擔任班代表，並請我的好兄弟張振中每天幫我多帶一個只有白飯的便當來。之後，每天中午我都想盡藉口招集同學們一起吃午飯兼開會。大家把桌子拼在一起，所有人把便當通通擺上來，哈哈，這不是就有豐富的菜色了。

當然，天下哪有白吃的午餐，我自然也得回敬同學們的免費午餐，而我最常用的武器就是「福利社」的冰棒，而透過這樣你來我往的互動，竟也讓我撐過了這一年多的時間。終生感激同學張振中的便當之情，我們至今仍是好兄弟，他更是我此生最信任的好友。生性忠厚老實、本份，是我人生當中的貴人。

只是，中餐解決了，那早餐和晚飯怎麼辦？早餐或許一個饅頭、一套燒餅就能解決，畢竟臺灣當時的早餐非常便宜。至於晚餐，我選擇自己開伙。每天下課後就去附近的菜市場採買菜和肉回家。記得第一次騎著腳踏車去市場，這才發現市場多半在下午就收攤了，只剩下一個豬肉攤……，老闆也正在收拾器具、準備收攤。我看他搬運物品時感覺看蠻吃力的，於是出手幫忙扶一把。老闆道了聲謝，順便問我有什麼事情？我隨口回答他，想買一點豬肉回去燒飯。他聽完後面帶驚訝，不信我一個學生竟得自己燒飯？於是他問我要買多少？我表示可不可以買兩塊錢就好。老闆一聽笑了一笑，拿出一小塊肉用報紙一捆便順手遞給了我。從此以後，我幾乎天天下課就趕去菜市場，一方面幫忙蔡老闆搬搬東西也等他收攤，並且維持每天跟他購買兩塊錢豬肉的習慣，只不過份量似乎逐日增多，哈哈哈。另外，旁邊有一個青菜攤，我也習慣每天都去買一塊錢的青菜，還記得賣菜的老闆是一位中年歐巴桑，我不知道她姓什麼，只曉得大家都喚她「阿玉嫂」，她也對我很好，總是會幫我留一些青菜，提醒我要注意營養。

幾年的時間下來，我那時的台語已經學得爐火純青了，後來等我即將畢業，我去菜市場與大家告別時，蔡老闆這才告訴我，柯蔡在臺灣是近親，加上他看我年輕、有禮貌且勤快，所以即便當時的豬肉並不便宜，但他每天提供給我的豬肉其實不只兩塊錢，至少都是十塊錢以上的，而賣菜的「阿玉嫂」每天提供給我的青菜起碼也是要三、五塊錢的份量。

這還不包括她免費送我的蔥薑蒜之類的辛香料……。一聽到這邊我不禁感動到哭了起來，實在太感激了，如今每每想起這兩位貴人，我還是很感動，也由衷祝福他們身體健康，一切平安，謝謝你們當初「漂婆送飯」的善心和好心。

我也會永遠記住你們的善行，時時提醒自己要去幫助需要幫助的人。

正心修身，止于至善

修習土木工程這門學科，其中有一個重點就是測量。記得我們班導師周老師總會利用暑假帶著我們去屏東糖廠幫忙測量。我們每人每天還能領到台幣二十元的薪資，而且還包吃三餐跟住宿呢。說起這個測量隊的經歷，更是屬於我們 532 班全體同學終身的回憶，也是凝聚我們感情的重要基礎。直到今天，每年的一月一號，我們 532 班都會相聚在一起。同學之間也經常一起出遊，而在我事業稍有成就時，我自當也要回饋並感恩周老師當年的照顧。我更在老師七十五歲生日時，邀請老師來美國旅遊並在自己家中幫他舉辦生日宴會，並與老師的女兒周明焉成爲好朋友。

就這樣，在正修的五年時光即將過去，原本以爲終於可以順利畢業了，但萬萬沒想到學校突然要求所有的男同學都必須參加預官考試。主因是第一屆的學長們幾乎全軍覆沒，只有不到一成的學長考上預官，學校教官們感覺顏面掃地，所以特別幫我們開了一個衝刺營，希望我們第二屆的同學們可以考得好一點。之後，經過一番努力，第二屆的學生們錄取率大幅提升，約有三成的畢業生考取預官。升學途中總是敬陪末座的我，這次終於沒有陪考，而是幸運地考取了預備軍官！

我們532這班畢業時，還特別單獨辦了一個謝師宴。宴請我們的貴人周水波老師以及其他五位老師。我當時就提議以後每年的一月一號一定要聚會，而這個持續近五十年的約定也始終延續到現在。轉眼間，當年的同學大多都已來到「古稀之年」的年紀，而我即使定居美國，卻也依舊盡可能在此時返回高雄和老同學相聚。而更難能可貴的是，即使有一些兄弟先離我們而去，但他們的夫人依然每年代表他們來出席。這當中也有不少人的孩子參加了我籌備的「企業戰士訓練營」的訓練課程，這更加深了我和所有人的感情聯繫，也因爲大嫂們跟大家的感情眞的太好，所以我們532這班就乾脆給所有的大嫂們加了一個封號叫538，哈哈哈！

寫到最後，依舊感激正修工專的培育，若無當年鄭、龔和李三位創辦人和夫人的投入，想來也無今日的柯約瑟。更慶幸的是正修如今有龔瑞璋校長接棒經營，他可是創校以來，所有「正修人」公認的最佳校長，他不僅帶領全校師生度過困難，更將正修經營成爲南臺灣規模最大的私立大學，造福成千上萬的學子，爲國家社會培養優秀人才，我非常非常的尊敬他，相信鄭、龔和李三位創辦人在天之靈亦會同感欣慰。此外，感謝周水波老師在我就讀正修的最後兩年，輔導和協助我完成班代表的職務，也感謝所有的老師們還有對我要求嚴厲的張教官、鄧教官還有陳星球教官，感謝您們沒有放棄我，反而處處用心教誨。如今慶幸我並未給各位師長們丟臉，我捐贈母校經費和獎學金並且做出許多貢獻，發自內心的感謝所有師長們的培育！正修校訓「正心修身，止于至善」，永遠是我心中最難忘的人生目標。

陸 入選特種部隊，刀光劍影 vs. 槍林彈雨

在我們求學的那個時代，臺灣政局仍是蔣中正先生執政的時期，他是國家元首，中華民國的總統。我們從小的教育就是「效忠蔣總統，反攻大陸、解救身處水深火熱之中的苦難大陸同胞」。其實這麼多年過去了，如今回頭來看，筆者感覺很好笑的是，對岸當時每天嚷嚷的口號也是「解放臺灣、解救身處水深火熱之中的苦難臺灣同胞。」，現在再來看看當時的政經局勢，不免莞爾……。

服兵役是臺灣每個男生應盡的義務，一般是服役二年，特種兵種則是三年。至於我考上的預備軍官役也是二年，但不論那一種兵種，扣掉暑假或寒假的二個月大專學生的訓練，等到我們畢業以後，只須再服役一年十個月便可退伍。大學多半都在5月底或6月初畢業，而預官考試則是在5月份舉行，我們只需等到6月通常都可以收到通知，知道自己是否有被錄取。考上就是準備「預備軍官」訓練，反之就是準備去當「大頭兵」了。接下來的二年，慢慢地從二等兵開始熬到退伍，仔細想想這兩者之間待遇還眞是天差地遠。我有幸考取「預備軍官」，7月便接到入伍通知，報到地點正是台中「成功嶺」。

兵役通知單上會清楚告訴我們，甚麼時間到哪個火車站報到？報到地點又是哪裡？而我的集合地點是台中火車站，記得報到當天來到火車站前，已有軍車等待接送我們去「成功嶺」了。而我因爲在正修念四年級前的時候，曾經利用暑假參加過「暑期大專訓」的經驗，所以雖然看似陣仗頗大，但也不會太過緊張或是擔心。加上此時父親再次升職調回臺北機場擔任海關的總監察長，我算是有後台可以依靠的；而父母也知道我在軍隊中非常適應，所以兩人也並不擔心。所以，在跟父母告別以後，自己拎著小背包就出發了。至於我的同學大多都在高雄，大家都必須到不同的訓練中心報到，此時心裡，寂寞孤獨稍稍有，但一想到有幸能夠再到不算陌生的成功嶺，心裡其實還是高興多過感傷的。

到了成功嶺，我被分發到第一團第三營的第七連，新生報到後的第一件事就是免費理髮，當時的規定是理成「三分頭」，其實幾乎就是一顆大光頭。然後換上軍服，班長開始大吼大叫，要大家準備……。雖說我從小立志當軍人，也想去報考軍校，可是一看到這付景象，心裡還是忍不住偷笑，總覺得這軍人世界永遠都在玩這種老套的訓練模式。但即使如此，我還是下定決心要在這一年十個月裡，讓自己蛻變成一位優秀傑出的軍官，而非只來數饅頭混日子的。

成功嶺，我來了！

在成功嶺的前三個月，我們接受的是基本教育訓練，我非常努力學習且力求表現。這時軍隊正在推行「莒拳道」的功夫，其實就是由韓國引進的「跆拳道」，而我那時已經是日本空手道二段的教練了，所以當全團的舉辦「莒拳道」比賽時，我自然是輕易地便抱走冠軍獎杯了，連上長官高興得不得了，我也因此成爲排長和連長的愛將。想當然爾，班長自然對我客氣許多，這也讓我的軍中日子更加如魚得水。隨後，軍中舉辦射擊比賽，哈哈，大家可別忘了我在「正修」念書時就是射擊教官，這對我來說當然是再得心應手不過的活兒，於是乎，我又是以九發全部命中紅心的佳績，再度抱回全團第一名的獎杯。這還不用說，全團舉辦刺槍術比賽，我憑藉已是劍道黑帶的身份，外加練過洪拳棍術，再這樣的條件下若沒拿回冠軍，肯定是太對不起師傅了，所以囉，冠軍當然不會落入他人手中，又是讓我拎回連上來了……，這些比賽成績讓我成爲營裡的當紅炸子雞，大家都對我相當客氣，回想這段日子，過得還眞是舒心。

不過上天總是公平的，沒有人是十項全能的，像我就一直有個很頭痛的問題是—我不會折棉被，幾乎天天內務都不合格，而處罰就是星期天禁足，不准外出。只不過我在台中也沒甚麼朋友，也不熟悉環境，眞讓我放假還不知道要去哪裡？還不如待在營房裡有吃有喝的，逛逛福利社，找福利社之花來陪我打屁，就算是睡上一整天休息休息也過癮。只是爽歸爽，但因為我的棉被實在疊得太爛了，連長也不好對我苛責，所以乾脆派我的班長每天幫忙疊被子，藉以維持連上內務的整齊劃一。此外，我繼續維持在「正修」時與老兵和平共處的好習慣，深諳伙夫們在廚房裡一定有開「小廚房」，所以逮到機會，我便趁機帶了幾瓶「紅露酒」，選在某個晚上帶到「廚房」孝敬長官……。嘿嘿，各位看官此時應該就知道，我未來肯定有好日子可過了。還記得當時軍營裡的伙夫頭是一名來自湖南的士官長，晚上會帶著我去抓「麻雀」——一人拿著「手電筒」，另一人拎著前面綁著塑膠套的長竹竿，說也眞是怪，所有的「麻雀」只要一被手電筒的光線照到，那便是動都不動了。所以，接下來自然就是滿載而歸了，晚上有好康的他們就會通知我，等到晚點名以後，我就偷偷溜到廚房吃消夜—「紅燒麻雀」搭配由我贊助的「紅露酒」，他們有時甚至還會把每天伙房裡留下的「私房菜」拿出來分享。每到人人酒酣耳熱之際，士官長便會開始吹牛，表示若班長找我麻煩就馬上告訴他，哈哈，我又因此找到一座保護傘了。

很快地，三個月的基本訓練即將結束，我們也要預備抽籤，待確認兵種後分發到各營區去。正好，我抽到了陸軍訓練部，連長非常高興，因爲他就打算把我留在他的連上當教育排長。在當時，能夠在成功嶺擔任教育排長可是很光榮的事情啊，而我也非常高興，當然一口答應了。記得同梯們都一一分發去他們的部隊或接受軍官再教育，而我則留在連上等待再去陸軍步校，準備再接受三個月的軍官教育。

特種部隊受訓，奇人奇事天天上映

俗話說得好，計畫永遠改不上變化，原以爲我能在成功嶺悠哉地服完兵役，豈知事情就是沒有這麼順利……。還記得某天，我在連裡的中山室整理東西，看到連長滿臉不高興地向我走來，隨手交給我一份公文，我一看那竟是我的「調指令」。我心想，我都還沒去當差，怎麼就來了調職命令？連長對我搖搖頭說，軍令不可違，我只能乖乖整理東西馬上就去報到。仔細看看這份軍令，這竟是特種部隊甄招的通知，我在驚訝之餘，也只有乖乖地前往位在桃園龍潭的特種部隊司令部報到去了。

特種部隊為我們這批「預備軍官」特地成立了臨時的「特戰學校」，和我一起報到的共有一百二十二位預備軍官，每四十人是一個區隊，由陸軍軍官學校畢業的優秀上尉軍官擔任三個區隊的隊長，大隊長則是從特種部隊選出來的上校軍官。來到特戰學校報到後的第一件事就是吃晚餐，大夥兒都是剛從訓練中心出來的菜鳥，土裡土氣的活像個呆子，看到滿桌子的豐盛菜色和白飯，大家心裡都非常驚訝。心想，在「成功嶺」吃的是發黃的戰備米糧，餐桌上難得有一點肉末出現，反觀此時，桌上擺的是四菜一湯—梅菜扣肉、紅燒豬腳、煎鯧魚和炒青菜，再配上貨眞價實的排骨冬瓜湯，眞可說是色香味俱全，大家實在開心極了。偷偷討論還以為是歡迎我們加入的宴會，但事後發現在這裡，三餐天天如此豐富，伙食好得不得了。我們那時也不知道什麼是「特種部隊」，應該說臺灣當時根本沒有人知道那是甚麼部隊。長官們也不說明，只有告訴我們好好接受訓練便是。

直到經過了第一個月的訓練，我們大致瞭解特種部隊的特性和任務，工作內容主要是接受任何國家發出的特別任務、敵後收集情報、敵後作戰、敵後組織遊擊隊、破壞敵人的各種軍事設備、暗殺敵人的指揮官和將領等。每位軍官都必須具備兩種專長，而我的專長則是「戰情」和「暗殺」。此外，每個人都必須完成跳傘的訓練，訓練期間，我們還得學習各種戰技、狙擊、蒐集情報、武器演練等說都說不完的訓練。

說起我在「特戰學校」的日子，傳授戰技的幾位教官都是江湖奇人，還記得傳授「擒拿術」的教育官是鷹抓門的傳人，他除了教我們擒拿技巧以外還曾露了一手眞功夫讓我們瞧瞧—拿起兩顆雞蛋大小的石頭，兩手一運勁，全部碎掉……。乖乖，大家想想看，雙手若被他這麼一抓，骨頭可不得都碎掉了？

另外一個教我們攀爬的教官，幾十公尺的高牆，我們必須一步一步向上爬，反觀他可是一手拉著繩子，兩三下就爬上去了，而這就是武俠小說裡所說的輕功。戰技教官在傳授使用匕首（刺刀）殺人的各種技巧時，身手之俐落更是我們想都想不到的厲害，一把可以殺人的匕首在他手上，感覺就像是個玩具一般。此外，他們還會教我們摔跤，沒有底子的同梯，根本只能當教練的活靶子，還好我練過柔道的滾翻術，不然可眞會被摔慘了。附帶一提的是，傳授手槍訓練的教官根本就是西部牛仔，只見他兩手各持一把45手槍，「百發百中」已不稀罕，他在瞄準獵物的那股「狠勁」，才是讓我膽戰心驚的關鍵；而他一再強調手槍一定要連打兩、三發才能打倒敵人的習慣，更是讓我對他留下深刻印象。在這裡，大家想得到的武器，像是迫擊炮、機關槍、火箭筒、手榴彈等，都是我們訓練期間必須要練習的，所以我可以這樣大膽預測，當初跟著國民政府來臺的奇人異士，確實不少……。

等到訓練完畢後，大家開始分發到特戰大隊，我被分派到第一大隊，也就是所謂的兩湖大隊。反攻大陸的任務是跳傘到湖北省和湖南省敵後作戰，組織群眾和游擊隊，吸收敵人投誠。而我們這一百二十二個預備軍官受完特戰軍官訓練完後，又全部送到特種部隊的大隊去實習三個月，等到三個月期滿，我們又全部返回司令部待命。長官宣佈，部對決定留下五個人在特種部隊裡，其他軍官則全部調至野戰部隊，而且是金馬前線。這是爲了確保他們不留在臺灣洩漏有關特種部隊的事情，而我很幸運地被選上留在特種部隊裡，而且還是保傘隊。

克服懼高症，傘訓猶似三餐準時上桌

「跳傘」是每個空降部隊和特種部隊裡的官兵必備的訓練，包含伙夫頭和將軍都一樣。所有的跳傘訓練多半選在屏東的跳傘訓練中心，爲期兩周訓練非常嚴格，受訓前還得先通過身體檢查確定沒有高血壓等毛病才行。訓練期間，每天早晨和下午都要練體力，跑步是基本課程，每天早、晚兩趟，跑多遠則看教官當天心情而定，不過再怎麼吃力，教官們還是都會跟著跑，所以沒有誰吃虧或占便宜。此外，說起任你怎麼想都想不出來的的滾翻，甚至比練柔道還累。我甚至還沒提到「跳塔」練習呢，記得當時好多人一站上跳塔，整個人就瞬間傻掉了，因爲整座跳塔高三十四英尺，這可是人類最常見的「懼高點」，沒有幾人躲得過。而當訓練完成後，我們還得去「實際操練」一番才行—總共要完成五次的基本跳傘，才能贏得榮譽「傘徽」，還有特種跳傘譬如在不同水面上的水上跳傘、山地和叢林的鐵漢跳傘、直升機跳傘、輕型偵察機跳傘，以及掛包訓練等，過程實在有夠驚險刺激。說起這高空跳傘，部對當時多半特別挑選年輕且優秀的士官來執行，臺灣當年其實有兩支高空跳傘部隊，一支是張繼善先生領導，隊址在屏東，舉世聞名的「神龍小組」；另外一支則是「神鷹小組」，這支特種部隊專門出特種任務，外人知道的並不多。

成功嶺三個月的基本軍事基礎教育，特戰學校三個月的軍官教育，特戰兩湖大隊三個月的實習，一共花掉了我九個月的兵役受訓期。再度被調派到特種部隊的「保傘隊」時，我還剩下九個月的兵役時間。保傘隊除了維護所有特種部隊跳傘的傘具存儲、保養及維修以外，也包含空投補給的任務。此外，需要增援特種部隊帶部隊去跳傘，也經常要和特種部隊一起出任務或參與演習作戰。雖然我是軍官不需動手折疊傘，可是還是一定要會，才可以帶領士兵執行折疊傘、檢查傘具、維修傘具等任務。所以，我與士官兵一起參加爲期兩周的訓練，直到今天，我都還記得如何折疊傘。每具跳傘共有幾十根傘繩，用過的降落傘的繩子全部混亂地卷在一起，所以在檢查傘具和折疊傘之前，必須要先學會把這一團亂卷在一起繩子解開……。

這個技術沒有什麼特別的教法，只有不斷練習，眞的是只能意會無法言傳，但是在訓練以後，我們大部分的人都能夠領會其中說不出來的解決之道，直到今天我仍然能夠解開任何卷在混亂一起的繩子。說也奇怪，我曾在服役期間休假回家，媽媽當時正好在打毛衣……，只記得毛線球卷得亂七八糟，我不用幾分鐘就全部解開了……。其實當時，雙親並不知道我在特種部隊服役，直到我退伍之後我才告訴他們實情，而這無非是避免他們擔心。

當年，我們只有老美在二戰之後捐給我們的 C119 老母雞，我後來因爲擔任美軍特種部隊顧問團的非官方正式的翻譯官，所以也需要帶著特種部隊的兄弟們去跳老美最新的 C130。通常，他們會在桃園機場待上兩周，然後訓練我們的特種部隊如何跳 C130。而這可苦了我，因爲我必須先翻譯，爲隊員們解說如何跳 C130。除了周末，我這兩周每天都得當翻譯，還要身先士卒跳給大家看……。有時候早上跳一次，下午再跳一次。若你運氣夠差，訓練時有美軍直升機支援，那我還得帶著大家訓練跳直升機。誇張一點地算，我前後大概跳了有上百次。還好，大隊長很夠意思，願意讓我放榮譽假，畢竟軍隊裡沒有加薪這回事，放假自然是最好的獎勵。只是沒有想到等我退伍幾年後，美國與中國大陸建交，臺美斷交，當時陪著我們受訓的美軍自然也就全部撤出臺灣了。

其實當時我在特戰司令部服役，由於常有美軍來訪，而我又是全隊唯一會說英文的軍官，所以翻譯官的差事自是落在我身上，我必須隨時準備擔任司令的臨時翻譯官和副官，也因此經常與美國特種部隊顧問團的美軍們一起工作、演習和出特別任務。此外，我因爲被派往屏東和臺灣的空降部隊，因此認識了神龍小組的龍頭——張繼善上校，在屏東服役時，我就是他御用的翻譯官。臺灣第一本長方形傘具的使用手冊，就是小弟在下我翻譯出版的（只是當時純粹爲國家服務，並未收取任何稿費）。我甚至自己花時間翻譯了幾本空投的使用方法和手冊，因爲在正修工專念書時都是讀「英文版的原文書」，所以大家多少都會英文，加上自己那時也喜歡唱英文歌，週末又常跑天主教會和外國神父、修女聊天練習對話，也找時間準備考「托福」，所以自詡英文能力還算不錯。除了能用英文與美軍溝通，加上勤勞、永遠服從命令，技能也在中上，所以肯定是保傘隊長和特種部隊司令的愛將。說到這還真不是吹牛的，記得當年我身高一百七十八公分，體格在特種部隊裡還真是沒話說，年輕又是一個小帥哥，每次上街，也不知道迷倒了多少女孩子！

打越戰、剿滅泰共，時時在與死亡擦肩過

記得我們隊上的大隊長姓「陳」，部隊當時所有的「傘具」都是美軍提供的。美國特種部隊的顧問團也負責監控我們，所以「陳大隊長」就想自己嘗試製作「降落傘」。隊員們偷偷自己做降落傘，然後先用假人實驗確定沒有問題，再來找真人試跳……。但事情演變到這裡，整個隊上除了「陳大隊長」本人，完全沒人自願上趕著去跳跳看，而這必須冒生命危險的任務，大隊長也不能私自下令要任何人去，遑論這個自製「降落傘」還是偷偷進行的。之後，思來想去，我還是決定陪他冒險一試，我們一同去了屏東，混在學習跳傘的學員裡偷偷地試驗降落傘，總共跳了五次傘。感謝天主全部成功，過程中沒有發生任何事情，事後，陳大隊長也因此博得

了「克難英雄」的美名。說起這爲大隊長，實在是一個好長官，他非常關心和照顧所有官兵，譬如他知道我想考「托福」，每個星期六下午就讓我提前休假趕回臺北的「美加補習班」補習，畢竟部隊規定只能休周日，但他還是幫我偷偷護航。結訓離開部隊後兩人雖無聯繫，但以他這樣的個性，我相信日後順利晉升「將軍」，一定不難。

我們服役的時間是一九七一年至一九七三年，這時的台海局勢仍然緊張。老美打越戰，搞得是灰頭土臉，臺灣也派遣了不少醫護人員前去越南協助。當然，去越南服役的官兵們領的都是老美的薪資，我記得當時還有農耕隊、支援的飛行員以及醫療團隊等等，「胡志明小徑」就是臺灣特種部隊前去支援時發現的。此外，我們也有特遣隊員去營救被越共俘虜的臺灣農耕隊和醫療人員。那個時期，我們在泰緬寮的邊界還有幾萬支持臺灣的軍隊在，臺灣也常常空投物資和彈藥給他們。兩地人員也經常往返。在中緬邊界的這些部隊，其實是當初從雲南轉進到緬甸的國民黨部隊，到了緬甸之後再繼續擴編，所以原來只有幾千人的軍隊擴充變成有好幾萬軍人的部隊。軍力強盛時期還曾把緬甸軍打得落花流水，占領了一大半緬甸國土。後來，因爲被緬甸政府一狀告到聯合國去，所以只有撤離一部分軍力來到臺灣，據說大部分人都遷移到現今的清靜農場附近定居。越戰期間，這支部隊貢獻很大，沒有撤離的人員則是爲了生存，所以就轉移到泰國去幫忙泰國政府打泰共，因而得以存留下來，也就是今日知名的「美斯樂」！

當年特種部隊裡其實有不少兄弟，就是從那裡轉進來到臺灣的。

退伍前，大隊長和司令都希望我能夠再志願留營五年，而且還可以馬上升任上尉，那時我才二十一歲，若同意留營，那我將是軍隊中最年輕的上尉軍官。另外，父親安排我到中華航空公司工作，加上退伍前我也順利申請到美國加州大學大衛斯分校的入學許可……。一時之間突然發現我的人生有好幾個選項冒出來，著實讓我傷透腦筋。考慮幾天後，我還是決定去美國闖一闖，我的人生自此開始翻頁，不一樣的戰場已在等待著我。

柒

美國留學生涯，酸甜苦辣皆嚐遍

一九七三年（民國62年）8月10日，我由臺北的松山機場經東京飛往美國加州「三藩市」（因爲當年還沒有飛機可以直接飛到美國）。二姐和三姐到機場來接我，當晚就住在二姐家裡打地舖……。休息一天後，二姐就帶著我去她認識的中國餐館裡打工，因爲學校要9月初才開學，所以我也就順便學習一下未來的打工環境。當時，我還眞是除了殺人放火，什麼都不會，餐館女老闆姓黃，她先分派洗碗工作給我，這時我萬萬想不到，在臺灣軍隊裡順風順水的我，飄洋過海來美國，接觸的第一份作竟然是洗碗工？！而且不但洗碗，還得兼洗廁所。只不過英雄不論出身低，我僅僅猶豫了一下，安慰自己大丈夫能伸能屈，再怎麼辛苦我還是願意做，一樣把廁所洗得乾乾淨淨。而洗碗是個簡單的勞力活兒，只花我一個晚上就能搞懂的工作，遑論當兵時就經常被罰洗廁所，故而這對我眞的是小事一樁。

大家還記得我在高雄念正修工專時，每天下午主動去幫忙菜市場幫忙賣豬肉的蔡老闆和賣青菜的阿玉嫂。這些經驗讓我學會了怎麼擀鍋貼皮、剁雞肉以及燉湯（秘密在放一點白胡椒），甚至是抓碼配菜，這些事情都難不倒我。反正我也沒有要求多高的薪資，女老闆也無所謂，只要我把洗碗和洗廁所的工作做好即可。而我的心態和人生哲學向來是多做多學，當時剛從特種部隊退伍，體格眞是壯得像頭牛似的，多做一點根本不算回事兒，所以老闆也樂得有我這麼一位加盟軍。只是眼看開學日子快到了，我必須準備去學校報到，所以只能辭職，女老闆甚至爲了挽留我，主動表示願意幫我申請綠卡，大師父更格外開恩同意收我當學徒……。但即便大家好意，我還是一一婉謝了，畢竟我還有其他的人生路要走，於是，收拾行囊後，我就到「戴衛斯」大學去報到了。

「戴衛斯（Davis）」是美國加州中北部一座城市的地名，戴衛斯大學正好位於名叫 Davis 的小鎮上，學校故而得名。整個小鎮基本上就是爲了 UCD 而生的，堪稱是一座大學城。我繼續攻讀土木工程科系，課餘便到一個大學教授家裡 Live In，也就是幫忙做家事，藉以交換免費的住宿和食物。周末時，我也到中國餐館去打工。初到美國念大學，英文還不算是大問題，重點是我尚不了解美國校園的生活習慣、教學方式和各種環境。還好我認識了一個美國女同學 Judy，她因爲喜歡日本和東方文化，所以與我格外親近，經常提醒我一些事情，並在學業上幫了我許多忙。後來爲了打工方便，我還是搬出教授的家，搬去和一群來自臺灣的留學生一起住。我們一共八個人住在一個只有兩房的公寓裡，其實公寓規定只能住四個人，但因爲我們大部分都在圖書館念書和做功課，回到公寓就是吃喝跟睡覺。其他七個老大哥，有五位是臺灣國科會公費派來的留學生，室友們不是念博士就是念碩士，根本就是住在研究所裡了。所以，整個公寓經常只有我一個人住。而且，他們大都已經三十，四十來歲了，所以都願意都把我當成自家小弟看待，在生活和課業方面都非常熱心照顧我，這也是讓我終身感激的地方。

我們的公寓一直都是前一批臺灣留學生傳下來的，所以公寓裡有許多前輩們留下的資產，真的是什麼都有，像是電鍋、老滷鍋、家具、電視甚至還有冷氣機。我們每個月都有一位老大哥輪值當「值月官」來負責收、繳房租以外，我們每個月還會另繳一筆公費用來採買公用的東西，例如衛生紙、廚房用品等等。到了月底若尚有剩餘的公款未用完，我們就會一起出去吃披薩、喝啤酒。記得我們常去光顧的Pizza店，正好是我系上一名白人同學打工的地方，所以他會幫我們大開方便之門—買一送一外加啤酒無限量供應，嘿嘿……，總之就是人人皆喝到茫茫的爲止囉！

先苦後甘，塞翁失馬焉知非福

在美國念大學，每個學生都會有一個指導教師，除了幫學生說明如何選課以外，順便也是輔導課程的教師。我的指導教授看了我在正修工專選讀的課程，同時問了我所使用課本，相當驚訝我們當時竟然就採用原文書上課，指導教授聽完我的解釋後說道：「你確定你是來念大學部嗎？因爲我們土木系大學部的課程，你其實已在臺灣全部念完了。」另外，你所念的高等結構學和流體力學，這些其實都是研究所才會選修的課程。我聽完之後嚇了一跳，回想怎麼會這樣？（那也安內（台語）……？原來當年在正修授課的老師都是年輕的優秀人才，學制也是教育部剛剛成立的五專制，或許是教育部或學校尚且無法確定應該如何設定合適的課程和水準，所以這群年輕的老師們就把他們在土木系剛剛念完熟悉的課本和課程拿來教育我們。試想，我們這群呆子哪裡知道應該念什麼？老師怎麼教，我們就怎麼念吧！也難怪劉昌南和關上思一畢業就考上高考。班上還有六個同學也是一畢業就考上了普考。

只是這樣一來，可苦了我的指導教授了，由於美國的學制是不能重新選擇同樣的課程研讀的。於是，指導教授決定帶著我直接去找土木系的系主任，說明原委。系主任再次問了我一些有關土木專業課程的問題，但對我來說真的都是非常基本的問題。之後，系主任對我說：「你應該去念研究所，而不應該念大學部。」可是這同樣問題一堆，我回答他：「有些大學部的基本課程，我還沒有拿到足夠的學分……。」系主任一聽，表示事情很簡單，他對我說：「你第一年度學期只要選擇補足基本課程，我就讓你直接申請進入研究所。」哈哈，於是乎我就乖乖地去選了基本課程，像是美國歷史、政治學甚至還有體育課呢。而且想不到的是，體育課程裡竟有日本的 **Karate**（空手道），我去體育館上「空手道」的課，教練是一個年輕的白人，正好學的是日本「松濤流」，和我學習的是同一門派，我們第一堂課當然都是基本動作，上完第二堂課這個教練實在忍耐不住了，先問我是不是日本人？我當然回答說我是由臺灣來的中國人。他問我是不是練過空手道？我就先哄哄他，告訴他我剛剛由臺灣特種部隊少尉軍官退伍，他一聽，馬上向我立正敬禮。聊天之後才發現，他原來是美國海軍陸戰隊的士官曾經在日本服役，也去過臺灣。他在日本學習「空手道」，退伍以後取得大學學位，於是就留在學校擔任教練。他之所以如此尊敬我，無非就是因爲大家都是軍人，聊到這邊我也就坦誠相告，表示我擁有「柔道」和「劍道」的黑帶，也是日本「松濤流」的三段教練（這個我有點吹牛，我其實只能夠算是二段，因爲我三段沒有考過，可是這個教練是二段，所以我就吹吹牛壓一壓他）。怪怪，他又立正給我敬了一個九十度的日本禮，叫我「先生」，哇，實在不好意思。

記得那年是一九七三年，全球因爲「李小龍熱」的關係，所以功夫課程非常熱門。每堂空手道的課程都約有一百個學生上課，他若忙不過來，就會請我幫忙充當助教。唉，想來又是一個沒有薪水的免費服務，我雖有點怨言，但還是答應幫忙了。

緊接著，開始下一堂課，我再度穿上正式教練的道服，並且綁上黑帶。進入體育館時，所有同學都嚇了一跳。也實在怪我太優秀了（哈哈），才教完第一堂課，就受到不少女同學的青睞。此外在學校裡也沒人敢惹我，我在學校裡沒有打過一場架，還眞是打破我過去的記錄。

讀者看到這邊恐怕會有問題想問我，我在正修念書和軍中服役時難道沒有打架？哈哈，怎麼可能沒有？像在正修時是爲了維護同學，有一次是打了「鴨子」，我賞了他一巴掌，正好教官經過，我根本就是現行犯，所以被記了一個大過。其實那時我的「空手道」已經晉級黑帶（要能夠擊破十塊很厚的瓦片，以及兩塊蓋房子的紅磚）。何況我們出手容易傷人，所以師父一再告誡，只要在外打架，馬上取消黑帶資格並逐出師門。遑論我後來又晉級二段自己當教練了。所以，自制是很重要的！再者，爲了維護軍中記律，我打過和踢過老士官長，也曾拿槍要殺了老士官長（當然只是嚇一嚇他們），而部隊裡的大隊長委派我每天早晨傳授學員「莒拳道」，當然就更沒有人來挑戰我了。總之，說不打架絕對是騙人的。

好運不斷，急難來時總有貴人相幫

大學部的學習，雖然未在專業上獲得甚麼新知識，可是因爲上了歷史和政治課程，所以讓我瞭解到什麼是自由（Freedom）、民主（Democracy）。勉強說起來也算有所得啦！至於美國學期的制度大致分成兩類：第一種是Semester 制度，一年分 上下學期，大致四個月一期，另外有暑假，大約是二至三個月，寒假則約一個月。一般大學部的學生每期選擇十二到十五個學分。研究所則需九個學分。一個學分就是一周起碼要上一堂課，一些實驗課程可能得花三小時，依舊只能算是一個學分。聰明的我當然不會去選修這種賠錢的課程，太划不來了。

另外一種是 Quarter 制度，每期三個月，暑假三個月，寒假一個月。美國學校大部分都一樣，不管你選擇多少堂課或學分，學費都一樣。大部分在美國土生土長的學生，念書都沒有我們台灣和中國學生厲害。我們從小採用的填鴨子教育，讓我們在國外念書，無往不利。像是在正修念到五年級時，我們仍是每周起碼上三十六堂課，這還未算上其他無學分的科目，眞可說是非常「慣習」（台語）！所以我總是選到「緊繃」（台語），選到商學院院長發脾氣爲止。我平均選休二十個學分，才二十堂課，二十小時，平均每周一至周五，每天才需上四小時的課，加上週末又不用上課，課後報告和研究，我就撐到最後，花上一整天的時間釘在圖書館裡，一邊參考別人已發表的文章，然後再加油添醋修改成自己的論述，嘿嘿，萬萬想不到還經常得到教授的誇獎呢，眞是笑死我了。

倒是等到念研究所時，我開始比較認眞在課業上，每學期選修十五個學分，但結果依舊迅速確實，只花上九個月的時間，我就把「碩士」念完了，哇，「眞也河」（台語）！

當年因爲在餐廳打工，所以我基本上不吃早飯跟中飯，我會撐到晚上再去餐館吃老闆的。所有餐廳習慣先讓上晚班的員工隨便吃一頓簡單的晚餐，墊墊肚子，廚師會炒好一大盤菜，譬如肉絲炒青菜，大家總是吃一大碗飯，喝一點湯就上工了。待晚上打烊以後，老闆會將今晚賣不掉的菜餚扔掉，而我每天通常就是靠這餐撐過來，反正白飯隨便吃，老闆不要的剩菜就讓我趁新鮮嗑完吧。而每天只吃一餐的習慣我持續到開始工作，依舊未改，然而時日久了變成習慣，腸胃開始出狀況……。後來，我接受醫生和太太的勸告，慢慢讓三餐恢復正常，腸胃方才不再告急。

我選修的課程通常都在早上，所以我習慣下午就窩在圖書館念書。可是圖書館裡的學生實在太多，所以我後來改成在一、兩點以後，就跑到學校餐廳去念書和做功課。學校餐廳是一名美國白人女太太 Mrs. White 在管理的，學生午餐完畢多半都是她在清理。而我當然是「故技重施」，主動幫忙排排椅子、整理桌子或幫她搬搬重物，時日一久，她也會每天請我喝咖啡或可樂。直到突然有一天，她問我吃中飯了沒有？她手邊正好剩下一個「三明治」問我要不要？我一時不如如何搭腔……，她則說：「我看來你應該是還沒有吃中飯，這個三明治拿去吃吧，以後只要肚子餓就來找我。」！聽到這邊我差點掉下淚來，我實在太感謝天主了，在我的人生中，每次都會有貴人在急難時出面照顧我。「白太太」也是我人生中的貴人，她的樣子至今仍然在我的腦海裡，感謝妳對一個外國窮學生的照顧。

工作看不到未來，職場菜鳥頻生擔憂

由於「土木工程」念的是「歪哥其杵」（台語）迷迷糊糊的，在美國又沒有「正修」的老哥兒們可以打 pass，這使我開始考慮自己將來的出路。說實話，我對土木工程並沒有多大興趣，當初在臺灣因爲沒有什麼選擇，來到美國念大學，可選擇的科系五花八門，這眞是讓我大開眼界。像我補選一門「經濟學」，兩天就念完了整本書，這是我這一輩子都沒有發生過的事情。我跟指導教授表達我的感受，教授只淡淡說了一句 Follow your heart！（跟隨你的心靈走），所以，我毅然決然決定，準備改念商業科系。當然，我不敢告訴父母親。而戴維斯當時只有經濟學系，這並非我想讀的科系，所以我申請了加州大學柏克萊分校（University of California, Berkeley），只是竟然被拒絕了。還好姐姐們的母校阿姆斯壯大學（Armstrong University）也有商業學系，所以我轉到阿姆斯壯大學就讀，只花一年的時間便把大學部的商業課程念完並取得商學院的學士證書。

待我念完學士學位，很順利地，我到了一家財務公司任職，原先以爲是做財務分析，沒想到結果變成是 Loan Officer（貸款專員），同時還要負責追討客戶付款，薪水也不高，工作一段時間後實在覺得沒什麼意思，也看不到前途何在？於是，我返回學校找到當初的指導教授，向他說出心中的疑惑和感嘆。教授告訴我，不妨考慮去念一個 MBA，怪怪，這可又嚇了我一大跳。我？念研究所？碩士？開玩笑，這可是我做夢都沒想過的事情。能夠順利念完學士已讓我非常滿意了，加上這兩年內沒在美國領土上打過一次架，這對家人來說我已算是恢復正常的上進青年了，想不到老師竟然鼓勵我再念書……？

後來，指導教授告訴我，擁有碩士學位能讓我比學士多領三成的薪資，所謂有錢能使鬼推磨，這就引起我的注意力了。只是要念商學院，必須先考GMAT，美國也沒有像臺北的「美加補習班」，我只有到書店去買GMAT的考試說明，臨時抱佛腳後就單槍匹馬上場了。考卷內容大部分都是數學題目，這對我們老中實在是piece cake，英文嘛？這時我到美國已經兩年多了，No Problem，遑論我商學士的課程都是清一色的A，所以申請研究所沒有遭遇多大問題。回想我念書還是可以的，混一混沒問題，當然沒有像我兩個兒子那麼厲害，他們都是「哈佛」大學的畢業生，所以我的老同學們總是調侃我「歹竹出好筍」，哈哈哈！

MBA的課程通常是每學期選三門課，九個學分，要讀完四十五個學分才能畢業。這就又要消耗掉一年半或兩年的時間，如果我能夠選擇五門課程，十五個學分，那我只需用三個 quarter 學期，九個月內便可念完 MBA，既可省錢又能省下時間，快點畢業去賺錢。可惜當時學校規定，研究所學生必須「院長」核准才能選擇四門課，我想了一下，打定主意直奔「院長室」要求面見商學院院長。院長大人一聽我要選五門課，十五個學分，考慮都沒考慮就直接給了我一個 NO！當然，我也不會輕易放棄，反而理直氣壯地說：「If you and I do not try, of course it is NO. But if we tried it may be is YES.」院長聽完愣了一下，回答我：「Ok，Let's try！」他哪裡知道我們臺灣來的學生從小就習慣每學期都是上八堂甚至十堂課。當年在正修念書時，每天的功課永遠排得滿滿的，但我們一樣按表操課，一樣把書都念好念滿。更何況商學院的課程遠比工學院的課程好讀許多啊。所以，我如期地只用九個月的時間便把 MBA 念完取得碩士學位。我爸媽一直說是祖上有德，孰不知我可是非常拚命，平日除了要打工，還得上課，若不是曾經受過特種部隊嚴格的體能訓練，並且抱著不成功便成仁的心態，如何能夠完成這不可能的任務，順利達標。

留學生打工求學的過程肯定辛苦，一定有許多人和我一樣有過類似經驗，除了生活上的隔閡與金錢上的壓力，再來就是精神上的苦悶……。我直到現在偶爾還是會夢到當年沒錢繳學費的恐懼。因此，如今我有能力了，最大的心願就是幫年輕人創造一個好的「大學生生涯」，不用擔心金錢的壓力，好好享受和吸收學問即可。當然，感謝上帝，這些心願如今都已達成。時至今日我依舊在資助清寒學生完成學業，並且樂此不疲。

回歸正題，取得碩士學位後，我開始重新應聘找工作，我發現美國有許多大企業會到各大院校招聘新生。很幸運地，我被美國知名企業 CDC 相中，他們提供機票和旅費請我去總公司面試。之後很幸運地，我也被選上了！

總之，辭別了老師、姐姐們，我打包出發去明尼蘇達州的 Minneapolis 了！

感謝上帝！

【第二章】

狹路相逢勇者勝

大學畢業後，我遠赴美國求學與工作，但箇中艱苦與為難之處實在太多，

如今回想起來，依舊感恩當年提攜與幫助過我的每一位貴人。

也因為經歷過這麼多辛酸血淚，更加讓我明白，

遭遇困難時不是害怕畏縮，而是要勇敢面對，

正所謂「狹路相逢，勇者勝出」，人生海海嘛，就是這個硬道理……！

壹

美國 CDC 希帝希電腦公司，我的職場第一站

1977 年我念完了 MBA，也順利進入美國一家大型電腦公司 Control Data Corporation，聘顧我的是 Professional Service Division 的 Lynn Maruska（以下稱莫經理），部門主要是提供電腦軟體的使用服務和顧問，而我負責的主要工作是商業和財務規劃的電腦軟體客服工作，也就是教育客戶如何使用今天類似例如 Excel 之類的軟體。話說起來單純，但在當年，我們可是 High Tech 的先鋒，非常神氣。加上公司比較老派經營，規定員工一律身白襯衫，打領帶，外罩深藍色或深灰色西裝來上班。更酷的是還得拎著〇〇七專用的公司包，實在有趣。記得報到當天，明尼蘇達州明明還在夏末秋初，但氣溫卻是已下滑到十月份的微涼天氣了。同事們

各個穿上大衣禦寒，而我因爲身無分文，實在無力添購一件要價一、兩百塊錢的奢侈品，所以只能仍穿西裝，裡面加件內衣就上工了。幸好我屬於不怕冷的體質，尤其是經過特種部隊的磨練，受訓時若遇上下雨天可是不能穿雨衣的，更慘的是還得席地而眠……，所以對我來說這還算是小事一樁。

倒是我印象深刻的是，當年約在11月的時候，當時美國已經下雪了，下班時，莫經理來到我的辦公室，手上拿了一件大衣，他對我說：「我太太幫我買了一件新大衣，這一件舊大衣就送給你穿吧，希望你不要嫌棄。」我心裡很感動，因爲我知道他明白我們這些職場菜鳥們多半是一窮二白，怎麼有能力買禦寒衣物一是？遑論他送我的這件大衣其實是新的……。說起這位莫經理，他眞是我人生中非常重要的一個貴人，因爲他不僅給了我一個機會跨進美國的主流社會，我更從他身上學到美國人重視專業和敬業的精神。我有幸能與一群高水準的美國專業人員一起工作，學習他們勤奮、負責的態度，實在太幸運了。

因爲負責的部門是屬於偏向客服、顧問的性質，所以我也必須外出見客戶。明尼蘇達州有許多企業都是我們公司的客戶，透過拜訪它們，讓我見識和學習到非常多與企業管理、行銷企劃、編列預算及財務規劃等領域。加上公司定期舉辦在職訓練課程，這更讓我的英語溝通能力一日千里，進步良多。再者，我也利用公司的福利政策，爭取經費去學習新的專業課程，加上我懂得主動開發客戶，爲部門貢獻了不少的營業額，所以莫經理不但破格幫我加薪，就連公司高層也對我另眼相看，短短兩年，我就順利晉升到「高級顧問」的職務，這可是通常得需花上十年時間才能達到的目標。

只可惜，當年的我太不懂事，企圖心和目標也高，加上父母親跟妹妹也都已經移民來美國，我必須負擔他們的生活與求學費用。莫經理看出並瞭解我的經濟問題，但礙於公司規定，他實在無法再替我爭取更高的職位和薪資，所以我只好忍痛離開，再去謀職……。感謝上天，我才 Interview 了一個公司，對方就同意加百分之三十的薪水，而且是公司最高等級的專員（還不算是經理級別），所以我提出辭呈，依依不捨地離開了「希帝希」。每思及此，我便由衷感激莫經理當年的提拔，待我事業有成後，我也曾邀請他來臺灣和中國的工廠參觀並且招待他旅遊，前後總共三次。但不幸的是，多年前他退休後不幸罹患「帕金森氏症」，晚年因無法自行打理生活，只有住進「老人修養中心」安享餘年。如今我每年都會去看看他，畢竟當年若沒有他，也就沒有今日的我。

飲水思源。我永遠感激，感恩！

作者（右一）與當年一起在 CDC 工作的同事們合影。

貳

貴人輪番出動，我在BNR的大好時光

一九七九年我跳槽了。

心裡雖隱隱覺得對不起老東家，但爲了追求更高的理想，只能忍痛道別。當然，我後來依舊秉持初衷，不忘回饋「希帝希」公司的老闆和同事們。話說我轉進的新公司—北方通訊公司，這可是當地一家相當具有規模的通訊製造公司，我任職的公司是北方通訊在美國九個公司裡，編制比較大的一個分公司，而我任職的部門名爲「財務計畫和分析部門」，部門同事共有九人，全部清一色的MBA（除了我，其他八個人都是白人和美國最有名的大學碩士畢業生。）例如哈佛、麻省理工學院、史丹佛大學等等，眞是嚇死人。此外，八個同事各個都是大帥哥，身高都在一百八十公分以上，還眞不知道迷死多少公司裡的美眉了。後來據我打聽，他們全部都是出身自美國土生土長、家世顯赫的名門子弟，除了溝通能力比我強，也比我這外來客更加瞭解自己國家的社會風俗和文化，私底下總會擔心，自己在這裡想要出頭天，可眞不容易……。

經過一段時間的冷靜觀察和分析，我瞭解部門的職責所在，以及主管們希望達成的目標。平日除了負責編列預算，還要執行特別的財務分析，這個任務相當特殊，我每每覺得這好比就是公司裡的特種部隊一般。加上同事裡只有我一人懂電腦，加上美國人上下班非常準時，不會早走卻也不肯晚離開。於是乎，大部分同事最討厭的工作，例如臨時的加班等，便永遠沒有人會志願投入，這個情況確實讓部門經理很是頭疼。此外，美國年輕人對上司多半不走職場倫理那一套，應對屌兒啷噹的。而我看到、瞭解到也分析清楚了，知道自己的優勢何在？故而擬定作戰方針、策略後，我準備開戰了——這群紈褲子弟統統沒有當過兵，自然不知道我們特種部隊的戰力有多厲害！

沒人要做的苦差事，通通交給我來辦

那時，每個人的辦公桌上都備有一臺用來加減乘除的計算機，因爲我們經常需要做數位分析的工作，而上級開會討論完畢後又常常需要我們臨時更動數字，此舉實在浪費時間。所以我乾脆跟經理申請一臺可以連線的電腦商務機，內建老東家「希帝希」的軟體，利用這套系統來做預算和財務規畫。這本就是我的專長，同事們需要花費一、兩天時間完成的任務，我通常只要一個鐘頭便可完工，而且保證數字絕對正確。因爲工作效率快，加上永遠都是「Yes Sir」，我因此獲得了部門主管跟公司高層的讚賞。部門主管甚至發現我永遠七點前便打卡上班公司，反觀其他同事都是八點上班，五點下班，加上主管會議多半都在下午四點過後才開始，待主管會議後回到辦公室想找部屬商量工作時，有時都已過了下班時間，部門同事早就走光光了。所以，經理經常找不到人趕工製作明天一早要交給總經理的報告，這時，我的功能就浮現了……，因爲只有我會協助他加班趕工—只要經理當天尚未離開公司，我就不下班。

時日一久，經理發現自己每次開完會回來，整個部門就只剩下我這個老中「China Joe」在，當然，剛開始是因爲無計可施才找我幫忙，我並非是他「鍾意」的手下。可是因爲只有我在辦公室，加上熟悉電腦操作，他也只能用我不可。何況我們是沒有加班費可領的。所以，日久見人心，他變得越來越依賴我，也越來越瞭解我，進而越來越喜歡我了。部門裡，涼快差事人人爭先恐後，遇上不可能的任務則是大家都不吭氣，而我，只要發現交辦的工作沒人願意做，再對上經理滿臉期待的目光，我這時便會舉手表示說：「經理，交給我來辦吧！」但大家可別以爲我總是在做苦工，其實從這些任務裡我學到了太多東西，例如庫存管理便是一例。我把工人們當作是我的士兵和士官長，把他們組織好，分配好，和他們一起搬運清點倉庫裡面的存貨．並不時請喝咖啡、吃中飯，和他們打成一片。

有一次，公司營業單位的副總和部門經理一起，跟我們解說公司要執行一個重要的投標案，投標金額約在五億美金上下，更重要的是，這個案子直接影響到公司日後每年約七、八億的生意。總經理和董事長下達指示，表達只准成功不許失敗的目標。而投標美國政府的案子非常複雜和繁瑣，業務部需要有人支援，一同去華府競標。業務部副總在向我們彙報這個案子時很坦誠，他表示未來的日子肯定是二十四小時不眠不休。加上競爭對手都是美國著名的大通訊公司，哇，眞還眞夠嗆的。當然，部門裡自是沒有人願意去應下這個苦差事。但公司高層既然都已這麼說了，如果無法完成任務，說不定連業務副總都得捲舖蓋走人……。一想到這裡，我已然心知肚明，經理早就打算派我這個「大內第一高手」出任務去了，但爲了以示公平，所以不好明說。

眼見大家都不吭氣，我也是不吭氣，畢竟「沉默是金（Silent is Gold）」嘛，撐了一會兒後，經理終於沉不住氣了，他對我說：「Joe，how about you？」我則簡單回應：「Yes Sir！」乖乖，在這看似苦差事的見習過程中，我其實學到太多東西，除了瞭解美國政府如何編列預算，也明白政府如何利用廠商競標來互相殺價，從中獲利。其實，以我當時的職務級別是根本無法參加這項任務的，因爲我不是美國公民，但反正沒有人問，我就混在公司同事中充當一回假美國人。整個競標過程前後總共三天，過程緊張刺激，各方勢力來來回回地討價還價，我們住在政府指定的酒店裡，也只能在酒店的會議室裡競標。每個公司都有自己的專屬會議室，競爭對手之間王不見王，只能透過政府機構派遣的代表來瞭解情況。就這樣熬了兩天，大家都兵疲馬困了，終於到了最後一晚，幸運之神實在太眷顧我了，竟讓我在上廁所時聽到隔壁兩個美國人在互相交談著：「就是四億五千萬吧，不能再低了……」。嘿嘿，他們難道不知「隔牆有耳」嘛，之後又在外面陽台遇到他們在呑雲吐霧。其中一個說：「最低要四億，四億其實已經沒有利潤了。」嘿嘿，想不到呑雲吐霧中又讓我獲得免費的寶貴情報。如今回想起來，我相信這些都是老天特別爲我安排的，感謝老天爺。

回到我們的會議室作戰指揮中心，我大膽提出以三億五千萬做爲最後投標的金額。業務副總嚇一跳，表示這樣就得賠本五千萬，他回去八成會被總公司幹掉。我笑著說：「別怕，我們不能只看眼前的利潤，後面還有三年的續約保證，而我已做好了財務分析，保證每年可以淨賺一億以上。而續約三年就是三億的利潤，扣掉第一年損失的五千萬，我們還有兩億五千萬的回饋，更重要的是，我保證這個金額一定能得標。」當然，我沒有告訴他們我無意間聽到的情報。業務副總嘆了一口氣說：「好吧，拚吧，要死大家一起死。」結果，三天後開標，我們確實如願得標，消息傳回公司，大夥兒興奮不已。反倒是董事長和財務總監據說非常生氣，業務副總經理跑來找我和部門經理去打圓場，希望我能夠和他一起去一趟加拿大總公司說明原委。這本該是我的部門經理要去的，豈知這時他也成了縮頭烏龜，大家推拖半天後，結果還是我去了……。

親自跑一趟解釋原委，幸運之神找上門

當時的我尚未取得美國公民資格，所以沒有護照，而且我的綠卡申請也尚未過關，換句話說，我在證件申請期間是不能離開美國本土的。也就是說，要去加拿大出差變成是個大問題，我跑去問了幾個去加拿大出差過的同事，瞭解我如何才能合法申請入境加拿大？如何返回美國？這當中需要護照嗎？其實當時因尚未發生

九一一事件，美加邊境管制十分寬鬆，同事們表示只要持美國發行的駕照就可入境加拿大了。感謝天主，感謝神，我又順利過關了！順利平安地入境加拿大，到總公司去報到。哇，總公司真是氣派非凡，單單會議室就比我們家還要大上幾倍。財務總監的女秘書負責接待我們，女秘書的身材樣貌比美國小姐和電影明星更美，把我緊張的情緒頓時降到最低點。

等待了一會兒，財務總監和董事長一起進入會議室，我們馬上又回到現實世界裡。我從未見過這兩個老大，端詳他們大概都在五十來歲左右，兩人都是一張撲克牌臉。大家隨意問候一下，也沒有任何寒暄開場白，直接就是把我們兩人痛罵了一頓。他們表示，我們怎麼沒有發現，這個案子讓集團賠了五千萬美金，嚴重影響公司的聲譽和形象，尤其是消息已在市場上蔓延開來，這個結果嚴重打擊了公司的股價，公司市值一下子蒸發了幾個億……，這要他們如何向董事會和股東們交代？業務副總被高層罵得面色發白，一句話也說不出來，或許是被K得體無完膚，所以人整個傻掉了。而我也沒有想到這兩位老大火氣這麼大，甚至在話語中夾雜著三字經？看到副總不搭腔，我哪敢吭氣，董事長不耐煩地問我：「Who are you？」我逮到機會，除了簡單自我介紹，也順便報告說明低價競標是我的主意。業務副總本是不贊成的，所以我願意負起全部的責任。其實我當時心裡的盤算是，橫豎今天是死定了，那麼不如就犧牲我一個吧，何必通通拖下水？我繼續解釋中國人崇尚的「不入虎穴，焉得虎子？」他們當然聽不懂，但反正已是死路一條，我於是乾脆大吹特吹，從如何探聽到競爭對手的低價，如何使用心機和戰略拿下標案，表示我在這個過程中瞭解到「重點」並非我們的要價是多少，而是掌握政府的 Budget（預算）有多少？我們只有在他們的預算內才有機會得標。另外，得標後至少還有三年的續約優惠，我們屆時可以提高價格而且無人競標，整體分析下，我們起碼會有兩億五千萬的獲利，甚至更高……。我趁機建議，公司若願意把這些正面的利多消息發佈出去，應該對公司股價有幫助。兩個老大聽完後互看一眼，財務總監開口：「唉，你們怎麼不早講。公司這下子有救了。」董事長則問我怎麼會做情報，我回答他自己過去在臺灣曾是特種部隊的情報官。董事長興奮地叫出聲來，表示自己也是加拿大特種部隊的軍官，之後，大家的話題變成軍隊中的經歷和趣事，晚上更由董事長作東請我們去吃了一頓高級晚餐，我當下可是沒在客氣地大口吃牛排外加龍蝦，身邊又有兩位老大的美麗女秘書做陪，當晚眞是快樂得不得了，也不記得怎麼回到酒店內休息的。

第二天，財務總監親自帶了漂亮女秘書來酒店幫我們送行，離別時總監告訴我：「Good Job. 我會記得你。」我太給他爭面子了。聽說後來總公司發佈新聞糾正媒體的錯誤報導，公司的股票大漲。而回到工作崗位不到一個月的時間，公司便發佈了我晉升人事命令，我搖身一躍成爲財務計畫部門的經理。當然，除了上述的趁機立大功，我平日在部門裡的表現和努力也是大家有目共睹的。記得那時是一九八〇年，我正好是二十八歲時，隔了不到半年，我又晉升到協理。一九八一年初的三月，我正式晉升爲財務行政副總並調任到加州三藩市附近的 BNR 分公司任職。這下子，父母親跟姐妹們都可以住在附近了。眞是感謝天主的安排，我也算是衣錦還鄉了。

BNR（Bell Northern Research）是集團設在美國的研究開發新事業，算是美國九個分公司裡規模最小的一個，人員編制約五、六百人，而我在組織裡也算是一個小首領，掌管著會計、財務分析、人事和行政部門，主要任務是改善公司財務結構和利潤，執行公司內控和確實執行營業目標、方向和政策。與公司簽訂的兩年合約裡，清楚載明若達成所有任務和目標，便可獲得大筆紅利。之後，我僅花了一年時間就完成任務和目標，成功取得一大筆紅利。其實大家看到這邊或許會以爲我做得如魚得水，但其實我心裡非常不喜歡這個工作，因爲我的工作就是內控，必須清理整頓內部不必要的花銷，其中便包括人力……，成功防止弊端和處罰貪污犯罪份子，就是我的工作。我在公司內部成爲專找大家麻煩的人，所有員工看到我都退避三舍。這樣的窘境讓我實在非常不開心，於是，我在 1982 年完成所有工作後，婉拒了總公司希望我到美國東部任職的調派令。畢竟我好不容易才回到加州，我的家人都在加州，我實在不想離開父母親跟姐姐們了。所以，在拒絕了總公司的好意後，我下定決心要自己創業了！

參

創業初期，猶似雲霄飛車的驚險歷程

一九八二年，我履行了與BNR的二年工作契約（一年提前完成），開始踏上了人生的第一個新階段—創業。在此之前，我也曾經去面試過好幾次的新工作，可惜都不合適。也因此，我開始萌生創業的可能性。

當年因爲還沒有網路，找工作的管道無非是透過獵人頭公司幫忙或翻看報紙求職版。就在這個時候，我在報紙上看到有一家小公司求售，售價尚算公道。可是因爲不太瞭解這個公司是幹什麼的，瞭解後才發現這是隸屬某個大電子材料批發的公司下的部門，他們要求的售價等於是把公司存貨買回的金額而已。公司裡的所有辦公家具、設備包含兩個員工，包括現成的生意等等，無異是免費送給我。產品是批發給做 PCB 公司工廠所有要做「絲印」的材料。我雖完全不懂，可是看在有現成的生意可做，公司初步該有的制度及員工也不用再另外聘請，賣方等於是半買半送。我心想，這大概又是老天爺的安排吧，所以，假裝討價還價一下，便出手買下這個名為 Hybrid Electronics 的公司。

買下 Hybrid Electronic，換取創業第一桶金

一九八二年 4 月 25 日，我正好滿三十歲的生日，我正式展開自己的創業第一炮。公司裡的兩名員工，一位負責和客戶討論、安排訂單，但卻又不負責業務推廣。而另一位則是像頭大懶豬似的，只負責倉庫管理和貨物包裝，但也是不負責送貨。而過去因爲帳目都委由總公司負責，所以也沒有會計負責財務出納。但再怎麼不濟，這兩名員工依舊比我瞭解得多，我現階段還是必須依靠他們才能維持公司每天的運作……。就這樣，我忍了一個月，終於大致瞭解狀況了，所以開始重新組織分配工作和擬訂經營方針。我負責業務和所有兩位員工不願做的事，也就是校長兼撞鐘，

女職員其實只處理每天數量並不多的訂單，實在是「顏顏莫歹級」（台語），閑得發慌！我於是分派一些會計工作給她，至於養在倉庫裡的小懶豬，我則是增加了隨叫隨到的送貨到府，也同意每趟付他一些特別獎金。其實，運費是由客人支付的，我向客人收低於一般運輸公司10％的運費，客人因此願意讓我送貨到府。加上小懶豬因此多了每趟運費10％的獎金，每天上午讓他準備訂單，下午則到處送貨物，小懶豬頓時變身成勤快的小公雞。唯一不高興的是，我出去見客人時會自己帶貨物給客人，發現「絲印」這一行業使用量大的客戶不是做PC板的客人，而是絲印T-Shirt的客戶，所以我自行開發許多這類型的客戶和印刷客戶。就這樣，公司在六個月後，業績順利成長了近五倍。

然而即使業績目標成長了，公司也開始賺錢了，但我仍只是一個地方性的小型批發商，這樣的成績無法滿足我的欲望和目標。所以，我輾轉將公司賣掉，換得一筆資金，返回臺灣開始我的另一個創業經歷——進口「電話機」來美國銷售。而這當中，又發生許多錯綜複雜的故事，詳細過程請參考我的上一本著作《世界是平的，就等你去闖：阿瑟創業傳奇驚魂記》。

言歸正傳，待我賣掉「絲印」公司，搬到洛杉磯開始嘗試「進口批發」的生意時，其實我對批發是一竅不通的，我只懷抱著特種部隊衝鋒陷陣、不怕死的精神，一心就是往前衝。而自詡貴人運強的我，就在此時碰上大學時代的同學 Judy，而且還是在街上偶遇的呢。兩人互相寒暄問候現況，我也明白告知正在摸索新事業當中。她告訴我，她老爸 Bill Byron 是日本三洋電子產品美國的總經理，也許可以給我一些建議和幫忙……。一聽之下我自是欣喜若狂，求之不得，馬上要了電話號碼和她爸爸約定拜訪時間。Judy 眞是上帝派來給我的天使，而我竟然只請她喝了一杯咖啡，實在不好意思。之後我如期拜訪了 Byron，他指點我美國零售業的結構和各大客戶的特性，甚至還傳授我如何定價和促進成交機會。同時，他也仔細指導我如何運用及管理美國各式 Sales Reps 的方法，並把美國三洋電子的業務代表介紹給我認識，這對我簡直是如虎添翼啊。我自是很快便進入狀況，開始順利拓展業務。在此愼重地再向 Mr. Byron 及 Judy 致謝！

美國有一個非常棒的制度就是—傭金制度的Sales Reps。我們在此稱他們爲「業務代理公司」好了，這是獨立的公司，多半屬於代理廠商、進口商，專門在他們自己設定的區域裡進行銷售。每個公司通常會代理五到十二個公司不等，每個公司規模大小也不一定，但通常都不大，員工約在三至十個人左右。業務員則是天天在外勤跑客戶。再者，這些公司也有某些專業上的不同，譬如某些公司專門代理「電子產品」，某些則代理「電器產品」或「建築材料」，可說是五花八門，各行各業都有。至於招聘人員、支付佣金、組織管理及人員培訓等，樁樁件件又都可以再寫一本書了。我在美國招聘的第一批Sales Reps，每個人都忠心耿耿地做到退休或上天堂爲止，如今尙在線的一批也都有二十年以上的合作資歷。說起如何管理，訓練和對待這些員工，裡面學問可大了，但我認定在遠也遠不過一個「誠」字。

返台創業，小小電話機幫我賺進大大財富

一九八二年的10月，我返回臺灣參加「台灣電子展覽會」，發現臺灣當時正在

量產操作簡單，造型美觀的有線電話機，眞可說是價廉物美，我決定下海試試身手。此時，正好美國解除政府壟斷通信業的政策正式開展的時刻，通訊設施開放民營的策略上市，讓整個通信市場時機大好。我向來篤信成事都是憑藉「天時地利人和」，當時的一切還眞都配合上了。所以，返回美國以後，我開始積極籌備，準備向臺灣進口「電話機」來銷售。只是沒想到，碰到的第一位合夥人希望我到「洛杉磯」成立新公司，我不假思索地也毅然決然賣掉「絲印」的公司，舉家搬到了「洛杉磯」。

一九八三年，我搬到「洛杉磯」，一切重新開始。租好公司和倉庫，重新招募員工，開始「電話機」的進口批發生意。頭一年，一切欣欣向榮。可惜後來發現合夥人張麥欺騙我，所以大家就分手了（詳情請看《世界是平的，就等你去闖：阿瑟創業傳奇驚魂記》一書）。我於是再找新合夥人，繼續在臺灣建立工廠，開發各式電話機，直到今天在臺灣和許多地區仍有人在使用中。這段期間，事業蒸蒸日上，我設計數百種款式各異的產品，每種都由我構思，再帶著美工設計人員從線條到色彩等，多方設計外型；之後再交由機械工程師和電子工程師一起設計產品，輪番測試。最後再交由廠商執行打製樣品、開模具、試模生產與品管等關卡，接著再帶回美國交由業務人員去銷售，眞可說是忙得不可開交，一天當兩天在用。

我在此可以非常驕傲地說，由我設計出來的產品，不知已被別人抄襲多少次了？從我這一生申請過上百個專利，可見一斑。此外，我也曾經榮獲美國電子展的發明設計獎和美國電器發明設計獎，在這方面還眞算是有一點「天分」！只可惜好景不長，一段時間後，我又發現公司董事長鄧興拿回扣，吃裡扒外，內控做得一團亂。本該是賺錢的經營變成賠本生意，股東們紛紛退股，最後則是把整個爛攤子丟給我。我毅然決然扛下來，開始過著美國臺灣兩邊跑的「空中飛人」。但一個人實在力有未逮，後來忍痛決定結束臺灣公司和工廠轉進香港和大陸，重起爐灶。當時臺灣公司的總經理名叫「李勇」，我以爲他是清白的，另外一位業務經理叫羅宏，我覺得他應該也沒有問題，何況還是我一手提拔上來的人，豈知臺灣公司竟被他們兩人搞垮……。想起當初爲了鼓勵他們一同到大陸創業，我甚至幫忙兩人，讓他們把家人全部搬到「香港」來住，那裡知道我又錯了，他們聯手把我的香港公司整個騙走，實在「忘恩負義」，這件事情過後，著實讓我傷心許久！

其實損失金錢不算大事，最令我難過的是背叛，畢竟我打從年輕便是在講究誠信、服從的軍隊裡歷練過，「疑人不用，用人不移」向來是我經商的座右銘！

肆

難以省心的人生—錢進中國大陸

其實早在一九八七年，返臺創業時，我大致上已看出臺灣未來將會步上日本後塵……。加上雙親也希望我返回中國大陸去幫老家做一些貢獻，於是我回到湖北父母親的故鄉，在那裡，我看到自己根本無法相信的狀況，老家的親人實在貧困到無法令人相信的地步。

一九八八年，我在香港認識了一名僑生（以下稱呼他老朱），並與他合作創業。他表示自己是前「成功大學」的僑生，在香港和大陸都有公司和工廠，我只是搭個順風車一起賺錢。他的工廠同時生產電話機，也生產防盜保全的小電子產品。那時，電話機的風潮已然接近尾聲，我改良了公司販售的保全商品，並且運用我已在美國建立的銷售網絡，豈知新品一經上市便一炮而紅，所以，我除了同時販售一些電話基以外，也在積極開發小型電子保全產品。直到今天，在中國、臺灣生產的保全產品，幾乎都算是我的徒子徒孫吧，因爲幾乎有九成以上的商品，都是抄襲我原來的設計和發明。

一九九二年，我加發數倍的資遣費，將臺灣的員工全部安頓好，正式轉進香港和中國大陸。可惜禍不單行，我不幸地又遇上壞人，發現合夥人在成本裡灌水，公款私用，所以只好分道揚鑣了！而在此之前，我在臺灣的公司和工廠也才剛被高階主管吃裡扒外，搞得一蹋糊塗。整個爛攤子由我一人扛起。總之就是一個不省心的人生啊！但是即便人生再不如意，我們依舊要勇敢向前行，畢竟峰迴路轉處，自有精妙美好等著你！

在家靠自己，出門靠兄弟

有次和老婆大人的朋友一起去香港，一踏出機場便發現外面亂哄哄的，一問之下才知道原來是香港正在「的士大罷工」。所以，成千上萬的旅客堵在機場沒有「計程車」可搭。這副場景還可真讓我傻眼了，只見馬路的一邊是一大群旅客煩躁不安，另一邊則是停滿了不肯發車載客的「計程車」，同樣排成一整排的計程車司機聚在一起抽煙聊天。嘿嘿，這時，我看到其中有一個「小老頭」，腰帶上插了一個三角形的小旗子，這正是「洪門」山頭的令旗。我偷偷告訴老婆和友人，請她們等我一下，我走過去對面馬路探探究竟……。而就在我走過去對方陣營時，所有的司機各個一臉驚訝地看著我，心裡肯定在想，怎麼會有一個不怕死的老兄竟敢走過來我們這邊？我無視眾人驚訝的目光，逕自走到「小老頭」面前，向他打了幾個「洪門」的暗號並且報上我的山頭，告訴他，我需要一部車去酒店。這位司機大哥明白了我的身份，依舊一臉正經地告訴我，走到轉角沒有人的地方等他一下……。我們兩人假意討價還價一番後，我再折回原地，然後拉著老婆和她的朋友移動到指定的轉角處。果然，馬上就有一輛「計程車」靠近我們，順利地將我們三人送至酒店了。而到了酒店後，司機大哥怎樣都不肯收下車資，並且客氣地直說：「抱歉，耽誤了『大哥』來香港的時間。」老婆雖然滿臉疑惑，卻也是一句話都沒說，畢竟我們當時新婚不久，她也不好問太多……。直到踏進房間，她這才問我：「你到底是幹什麼的？」我笑笑地回答：「你別著急，讓我慢慢給你解釋。」原來當年教我打洪拳的老軍官其實就是洪門中人，所以我自然瞭解一些。而返回臺灣建立新公司和工廠時，公司的總務主任也是洪門中人，所以我又因此重返洪門的「大漢中華山」。在香港機場因為看出他們都是「洪門」兄弟，所以我使用洪門的暗號和口條請他們幫忙，對方自然是不說二話，立馬先幫忙了再說囉。其實「洪門」並非黑幫，當時是為了反清復明的理想而建的。源頭是「鄭成功」在臺灣先設立了「金臺山」（現在仍然在臺灣），一直發展到協助「國父」推翻滿清。中國大陸中央政府裡也有一個「致公黨」，就是聯絡全世界「洪門」社團的組織。臺灣「洪門」的山頭，少說也有幾十萬的兄弟。正統的洪門兄弟行事規矩恭敬，是善良的老百姓，更是愛國的男子漢。附帶一提的是，洪門裡也有不少的姐妹。我們通常稱呼她們為鳳凰。

正統的「洪門」或「清幫」兄弟的家規和組織管理都非常嚴格，發展至今無異是一個全世界「華人」兄弟姐妹會的組織。

一九九七年，我親自帶領了幾個幹部在廣東省東莞市的厚街鎮成立新工廠。設立新廠的因爲其實也很湊巧，主要是原先的電話機生意幾乎已停擺，而保全產品的生意市場又不是太大，所以我必須將設在美國公司的部份財務資料報銷作廢（通常美國稅務局要求保留五年）。會計主任因此申購了一台碎紙機，開始進行資料報銷的動作。沒想到一買回來，我一看竟是這麼一台小東西，重點是還很貴……。等到會計主任用完後，我將碎紙機帶回來，並且找了大陸工廠的幾位工程部同事研究。雖說當時中國大陸的電子工程師實在不怎麼專業，但機械工程師的專業素養絕對媲美臺灣、日本和美國。同事們研究大半天後告訴我，碎紙機的機型研發並不困難，而且我們可以大幅改良它的功能。知後我請會計部估價，發現裡面的利潤眞是高得不得了，我的天啊，好，正所謂「九條好漢在一班，說打就打，說幹就幹」，我於是帶領著所有工程部的兄弟姐妹，開始著手「碎紙機」的研發工程了。

這段期間由我親自設計一系列產品，並在一九九八年時，帶著剛剛開發完成的碎紙機去參加美國最大的「電子展覽會（CES）」。這在當時在中國大陸市場，我們還眞算是第一家呢。而在展覽會場我遇到了美國生產碎紙機的第一大名牌Fellowes，它們希望和我們合作，討論後我們同意讓對方代理我們的系列商品，同時給予保證三年獨家代理的優惠。公司一下子從零的碎紙機業務馬上突飛猛進竄到一年有三千萬美金訂單的成績，實在嚇死寶寶了。簽約時我一臉謙虛模樣，但其實心裡早已樂翻天了。這筆生意利潤超好，兩年，我們就自己在東莞市買地興建佔地一萬坪的工廠及員工宿舍。只是好景不長，就在新廠即將完工之際，跟我一起打拚的總經理提出辭呈，因爲他聽到會計人員和其他主管私下透露，知道我開始在追查他的帳務跟收取回扣的事情，心知理虧，於是便自己搬樓梯下臺一鞠躬了。我心裡即使再生氣，當下還是決定放他一馬，不再追究。

產品出門，負責到底

而我這個人就是這樣，遇到挫折，當然會煩惱，想想之後，我決定將品管部經理小羅擢升爲副總經理，心想他也算是我一手帶起來的老班底。本來只是一名品管員，性格也算忠實努力，願意吃苦耐勞，也非常聰明，我非常欣賞他。只可惜飛黃騰達後守不住家業，誤中「美人計」之外也開始收回扣，結果更與他人利用公司名義合夥走私。事情演變到最後當然是被中國海關抓到並判刑三年，下場非常淒慘，同樣是身敗名裂，家破人亡。

如今回想起發生在二〇〇五年的事情，心裡還是很感慨，小羅和他的狐群狗黨被抓起來，公司和工廠裡的一些壞員工也紛紛偷跑，尤其絕大多數還都是幹部。也就是說，歷史重演，我只有自己返回東莞市的工廠親自坐鎮，指揮大局。而這時「碎紙機」的市場也開始萎縮，競業猶如雨後春筍般竄出，大家互相亂砍價，倒讓老外撿到大便宜。再加上全世界都在積極推動「無紙」運動，這個風潮嚴重影響了「碎紙機」的銷售，工廠實在無法再承擔如此大的負擔，我於是逐步縮減公司的人員編制和開銷，同時準備賣掉工廠。

中國大陸當時已經開始進入快速發展的階段，當地業者開始與台商、港商競爭。加上政府祭出保護措施，外商自是難以與本地廠商競爭。因此我在二〇〇九年，決定賣掉東莞工廠，搬去浙江省海鹽市繼續做碎紙機和保全產品，同時開發「智慧吸塵器」。只是這次的經商過程賠了不少錢，我算是打了一個大敗仗，故而在二〇一〇年，我又再度「搬師回朝」，返回深圳另謀出路。

帶著一群忠心耿耿的兄弟姐妹們，我們又回到了熟悉的東莞。回到這裡，我們和以前在東莞合作過的外包廠商面談了三次，雙方都沒有決定是否要再度合作，主因是企業文化、管理模式和經營理念實在差太多，於是我決定還是獨力開發及生產商品，不再找合夥人了。這段時間，公司持續開發智慧吸塵器產品，並且經銷保全和其他一些辦公文具之類商品勉強維持生存。直到二〇一五年，我應邀前往臺灣投資設立產品設計工程開發公司，並且發包給臺灣工廠生產智慧機器產品和碎紙機產品。唉……，萬萬沒想到沉寂幾年後，我又碰到壞蛋了，而且還是一群……，這次差點把我害慘了。當然，我向臺灣法院提出詐騙背信的訴訟，也委託律師起訴這名忘恩負義的年輕人。只是再怎麼提出訴訟求償求傷害已然造成，這三位年輕人都曾受過高等教育，卻依舊作出此等壞事，由此可見臺灣的教育徹底失敗，加上近二十年的政治混亂，讓詐騙集團囂張危害了臺灣社會的安定，也害慘了我們這群愛鄉愛國的華僑。如今回想，依舊覺得忿恨難平，而這也是我起心動念，寫下第一本書《世界是平的，就等你去闖：阿瑟創業傳奇驚魂記》的原因！

從電話機到保全產品，乃至於辦公用電子機電產品，以及智能吸塵器和太陽能燈等，公司所有的產品可　都是由我帶領團隊研發出來的。我親自和工業設計、電腦系統部門，機械工程師們一起研究開發創作。我始終奉行的經營哲學便是：產品出門，負責到底！在銷售上我自是一馬當先，帶領團隊攻城略地，打下立足之地，可說是真正的身經百戰。

伍 鍛鍊體魄、磨練心志——企業戰士訓練營

一九八二年，我開始創業，並且返回臺灣尋找合適的產品，之後終於決定由代理臺灣的電話機到美國銷售。剛開始，我向臺灣廠商進口貨品，後來等到自己開工廠，聘請臺灣員工入夥，公司規模很快地由幾個人增加到上百人。過程中，我發現臺灣當時的人力素質不夠專業，職員們對工作缺乏應有的觀念、方法甚至技巧。

我過去在美國時就經常開課教學，所以我決定研究一套系統來幫助新進員工，讓他們理解工作上需要的專業知識。前後總計花了我大約十年的時間，我終於研究出一套適合所有年輕人的職訓教育系統。特別是針對臺灣、香港和中國的華人世界。我把自己的人生經驗，以及在美國學到的學科知識和專業培訓，加上人生勵志的實例，以及中華文化特有的元素，自行研發出一套特別的培訓課程。亞洲人過於強調學科教育，從小並未替孩子培養其它方面的生活常識與公民道德，故而讓大家欠缺正確人生觀和良好的生活習慣。另外就是孩子都被塡鴨式教育養成說謊、不夠誠懇的毛病，而且缺乏熱情和主動，個性軟弱，膽小怕事，貪圖安逸。總之就是缺乏吃苦耐勞和打拚的精神。

有鑑於此，我把訓練課程分成幾個大項目，根據學員的程度和受訓對象來調整內容或時間。另外也成立集中營，透過三至五天的集中訓練管理，讓學員體會到團體生活和建立良好生活習慣的必要。我發現，身在亞洲地區的孩子們多半比較無法吃苦，大概是生活環境太好，故而養成懶散的生活習慣，尤其是吃不了苦，絕大部分都是嬌生慣養的媽寶。所以，當然更需要訓練和磨練。

在這三至五天的團體集中生活和訓練中，同時也是讓各級主管考察員工性格的好時機，讓大機明白這些學員是否具備足夠的團隊精神。另外，我同時也會利用暑假時間，鼓勵美國的親朋好友帶著孩子來我的深圳工廠實習。我甚至返回高雄的母校正修工專親自訓練過幾批大學生，正修532班的同學們，全都帶著孩子來參加我的「企業戰士營」，之後甚至推薦親朋好友也來參加。

前後算一算，起碼訓練過數千人。

至於「企業戰士營」推薦的課程大致上有以下幾個項目：

（一）人生的過程：瞭解每個人從出生到死亡的人生階段和必經過程。透過每個階段可能面臨的問題，培養正確的人生觀與價值觀。

（二）整體成功的正確概念：明瞭人生應是追求一個平衡的整體成功，包含事業、金錢、婚姻、家庭、親朋好友、品德、公益、身心健康等，這才是真正的成功而非單獨的事業或財富而已。

（三）企業、機關、組織的理解：我發現，多數的大學畢業生在開始工作之後，並不完全瞭解這方面的資訊，所以他們不知道自己在企業裡所扮演的角色，以及自己在組織內，與層級之間的關係，或是公司高層認爲各部門應盡的職責。所以，加強他們瞭解企業的上下級和各部門相輔相成的道理，極爲重要。

（四）工作觀念、技巧和習慣：這方面，美國教育從小就開始建立了。反觀亞洲，絕大部分則是因爲父母都幫孩子做得太多，所以反讓他們失去學習的動力，進而找到方法。尤其因爲沒有身體力行，所以完全不知如何計劃、組織和分工合作，對於「團結」毫無概念，所以在工作效率上自是差強人意。

（五）時間管理：這幾乎是所有學員最欠缺的一部份，觀念可說都是一片空白。我們必須教導大家如何運用一天二十四小時的時間。如何預做一天、一周、一個月，甚至是一季和整年度的規劃，進而安排並設定長、短期的目標。最後則是安排優先順序，擴大自身能力和提高效率，組織計劃，有目標地進行，進而達到善用人才幹和智慧的結果。

（六）研讀《孫子兵法》：這對現代年輕人來說肯定更困難了。就我理解，幾乎沒有一個年輕人讀過《孫子兵法》。或許有些人聽說過，有些人在電視連續劇看過。孰不知《孫子兵法》是我讀過最好的商管戰略寶典。譬如第一篇即開宗明義說道：「兵者，國之大事，死生存亡，不可不也察。」每個企業就是一個國家，天天都要和競爭者打商戰，如何存活下來當然重要，一定要努力研究各種策略和戰略，才能找到自保之路。公司裡的每個層級就如同軍隊裡的編制一樣，將軍（總經理）、副將（部門主管）、軍官、士官和士兵等等，而每個人就是我強調「企業戰士」。《孫子兵法》在管理、戰略、人事等都有說明，所以我向來要求所有學員們務必要把第一章熟背起來。

訓練營規定是晚上11點熄燈，早上6點起床，6點半到7點半跑步，訓練基本拳術、防身術、劍道和擊破信心等訓練。然後準備用早餐。等到8點便開始上課至中午12點。接著用午餐和休息。1點開始繼續上課到5點結束。通常，我會在下午3點左右帶學員們出去走一走，用點心或水果提提神，避免大家打瞌睡。5到7點則是晚餐時間。晚上7到9點做個總檢討，鼓勵大家發表當天課程中學到什麼？或是開放小組自行討論，或做新生介紹等等。

盡心盡力爲臺灣和中國培練一些年輕人，希望他們日後成功，也能慷慨捐贈，熱心公益，繼續培育年輕一輩，爲國家社會持續製造成功活水。

企業戰士營的 logo。

作者（前排左五）與位於淡水區的企業戰士營訓練學員們合影。

【第三章】

受人點滴，自當湧泉以報

我的人生哲理向來是—照顧雙親為先，之後再擴及兄弟姐妹、親朋好友。假設上帝信任我，願意再多給我一些能力去幫助他人，那我就再多做一些。

中國紅頂商人「胡雪岩」說得對：「做善事，第一要錢，第二要錢，第三還是要錢。」畢竟這世上需要幫忙的人實在太多，而且還是無止境的多。

壹

樂善好施乃天性，行有餘力便助人

在念MBA的時候，我盤算了自己目前的收入，繳學費和生活所需應該還可以撐得過去。可是萬萬沒想到的是，參加工商管理碩士的畢業論文考試是需要繳費的。哇，這下慘了，我搞了老半天還是只能去昔日打工的餐館跟會計主任借貸，方才順利募得資金，通過碩士筆試、口試及論文發表。記得自己後來前去還款與致謝時，她只淡淡說了：「以後你有能力的時候，就盡心盡力的去幫助別人，就是對我最好的報答。」

而我後來積極投入助人行列，便是深受她的感召——親愛的梅麗莎，雖然我不曉得您現在何方？但您的這句話，成爲是我終生做人做事的準則。

說起我的人生，基本上就是奉行中國人的文化傳統。身為家中唯一的男丁，父母親的豐養自然是我的首要責任。當年剛念完MBA，雙親與妹妹就都移民來到了美國。姐姐們已是泥菩薩過江，想幫也幫不上忙，而我也剛剛出道，加上父親就是一個兩袖清風的公務員，積蓄不多，故而事情發展至此，我也只能努力工作來賺錢奉養家人了。幸好得蒙上天眷顧，家境慢慢好轉，我為父母親買車、買房與雇傭人照顧日常生活起居，每年度假、醫療等費用也從不缺乏，幾個姐妹們也都相當盡心盡力地孝順父母，大家分工合作，有錢出錢，有力出力，直到雙親蒙主寵召，方才罷休。

但大家可別以為，我們家就是幸福美滿的範例，中國有句老話說「郎怕選錯行，女怕嫁錯郎」，三個姐姐嫁得都不好，一個姐夫是大老粗，一個則是大賭徒，甚至賭到傾家蕩產、債臺高築，還有一個是專門吃喝嫖賭的紈褲子弟，而且子女們也都不孝順（其實不來找我姐姐麻煩就已謝天謝地了），所以三位姐姐當然都以離婚收場，十分不幸。也幸好還有我這個小弟弟長期支援她們，日子好歹還是能應付過去……。倒是三姐因積勞成疾，不到六十歲便跟隨父母腳步前去見天主了。我非常傷心難過，可又能如何？還好妹妹的婚姻還算不錯，妹夫是個正人君子，兒子和媳婦也是孝順的好孩子。

親朋好友還有同學們若需要幫忙，我一定在能力範圍內儘可能相幫。當然也因此被一些親朋好友有借無還的背了一大堆欠條，幸好老婆賢慧，從不責備我，更在我六十歲生日時幫我把所有借條全部燒毀，實在太感謝了。另外，我成立了「企業戰士訓練營」，親朋好友還有正修532班的同學下一代大都參加過，我除了支付所有的培訓費用，更帶他們到東莞的工廠實習兩周，然後再一起旅遊。就這樣，我持之以恆做了幾十年，返回臺灣後又另外開訓練班，前後起碼訓練了上千人，若再算上員工的培訓，那可能便有破萬之數了。

回老家建校興學，出錢出力不猶豫

我的人生哲理是，照顧雙親爲先，後再擴及兄弟姐妹、親朋好友。假設上帝信任我們，願意再多給我們一些能力和財富去幫助他人，那我就多作一些。天主多給的祝福不是要我們留在自己口袋，而是要去傳達「天主」福音給需要幫助的人。中國紅頂商人「胡雪岩」說得對：「做善事，第一要錢，第二要錢，第三還是要錢。」實在是一針見血的論述。畢竟這世上需要幫忙的人實在太多，而且還是無止境的多。

我的岳母在我們婚後便搬來與我們同住，我是將她當成自己的父母一般地用心照顧，奉養至今。我更爲她請過兩任保姆來專門照顧。琳達在我們家做了十幾年，後來因女兒嫁人後要生孩子，她才返回瀋陽幫忙。接班的第二爲保母名叫永霞，山東人，做的一手非常棒的麵食，我們家因爲她的加入而成爲「北方家庭」，各種麵食輪番上桌，精彩不間斷，而更重要的是她對岳母無微不至的照顧，尤其是發自內心的陪伴，讓老媽媽的晚年心理健康。就在我書寫此書的同時，岳母已是「一百歲」高齡的老婦人。感謝主！

一九九八年，我陪伴雙親返回湖北省武漢市的老家，當年長江氾濫淹沒了很多地方，父母因此捐贈了許多資金來修建故鄉，另外希望能夠在家鄉興辦一所小學。我深深瞭解父母的心意，所以與武漢市的「華僑事務辦公室」（僑辦）共同合作，順利完成父母的心願。由武漢市政府出地，我們出銀子，興建了兩棟三層樓高的教學大樓，外加籃球場和操場。兩棟大樓再分別以父母親的名字取名，分別是「隆祥樓」和「慧懿樓」，每年也會爲學校老師們準備過年紅包，或幫孩子們準備鉛筆、書包等文具。另外也捐贈了一大批運動器材。

記得有一次，我回老家去學校參訪。某位師專畢業的年輕老師一邊流淚一邊告訴我，他非常希望好好教育孩子們繪畫，可是家長們根本買不起水彩……沒有辦法讓孩子們學習。哎呀，我頓時想起我們小時候可是連蠟筆也買不起，我馬上應允幫孩子添購五百套水彩，學校裡的小朋友全部高興死了。尤其是看到我送給她們的小公仔，那可是他們這一生的第一個玩具啊。我看到一個小女孩懷裡抱著「Hello Kitty」，坐在椅子上閉著眼睛搖呀搖的，當下那個氛圍是多麼幸福和滿足呀。

不分親疏遠近，全心幫助弱小

我為武漢市的小學取名為「世華小學」，目的是希望全世界的華人都能返回家鄉去幫忙建設。西元二〇〇〇年之前，中國大陸的環境實在非常窮苦，看著中國由一個貧窮國家在短短三十年內搖身一變成為世界第二強國，我是親眼目睹並經歷過的。後來，北京的僑務辦公室來找我，希望我回應並支援政府發展「中國大西部」的計畫，我當然同意並且主動以個人名義再捐贈十所世華小學。分別在蒙古、新疆、青海、四川、雲南、廣西、陝西等省份興辦。我甚至挪出時間去每個學校進行參訪，後來，好朋友們像是曾昌維、孔甯、徐漢忠的夫人等也都陸續加入我的「世華基金會」，所以前後加起來，我們總共在中國大陸捐贈了二十二所世華小學。如今，中國強大了，不需要我們的幫助了，可是大家當初盡心盡力的過程，進而達到如今的成就，這實在可說是「萬世流芳」了。我將各地「世華小學」的每棟大樓，都用父母或孩子的名字來命名」譬如岳母的家人大多在西安，所以建在當地的小學大樓就叫「鎂珠樓」，我已過世的岳父家鄉是河南省濟源市，所以我便將當地的學校大樓取名爲「永銘樓」。因爲捐贈世華小學，讓我在中國各地結交了許多好朋友，大家建立了深厚感情，持續至今。

緊接著，我倒是想跟大家談談「徐漢忠」這個人，他是我海青中學的學弟，比我低一年級，可是歲數卻比我大一歲，因爲我這個天才進小學的時間比別人早。在「海青」，我教他打「小鼓」，他後來也成爲學校「鼓樂隊」隊長。他生性聰明、活潑和機靈，算是「甲」班學生，學業成績不錯但又稱不上是「品學兼優」，因爲品行有點問題——古靈精怪、鬼點子多，尤其喜歡欺負女生……。「海青」一別後，我們一直都沒有再見面，直到我在美國創業後才和他有幸碰頭。那時的他也已成功創業並且經營得非常好。此外，他與內人本屬舊識，我們又一個共同好友的太太是我「正修」的同學。加上阿忠的爸爸是我在「正修」的體育老師，就這樣，大家全都變成非常要好的朋友，經常互相幫忙，一起出國度假，眞是非常親密。可是後來，不幸的是阿忠罹患胃癌，發現時已是第四期末期了。只在醫院治療不到一周便過世了，走時年僅四十歲，留下妻子和三個小孩，最小的不過一歲大……。他生前委託我和昌維兄，若他有個三長兩短，拜託我們照顧他的太太和孩子。阿忠的太太是一名家庭主婦，從未參與公司經營，我和昌維商量後，決定由我負責美國公司的所有事情，他則幫忙處理東南亞公司和工廠的事情。因此，我每天一大早就先到自己公司處理相關事務，緊接著再趕過去阿忠的公司處理大小事情，記得當時每天起碼工作十六個小時以上，而且還連續了將近一年之久。老婆還曾擔心我的身體會因此被拖垮，我也只是淡淡地告訴她，請她「安啦」，畢竟我可是特種部隊出身的呢！遑論我既承偌過兄弟，自然一定要達成任務。

同時，我們也嘗試出售阿忠的公司，後來發現公司有一個劉姓合夥人很壞，這個傢伙還是昌維兄從小一起長大的鄰居呢。但幸好運氣不算太差，花了近一年時間，我們還是順利地將公司賣了，並將所有資金交給他的夫人，金額應該足夠他們好好過日子。我和昌維兄總算不負阿忠的委託。而為了持續照顧他們一家，昌維兄收了阿忠的兒子當乾兒子，我則收了他兩個女兒當乾女兒，陪伴並持續照顧他們長大成人。孩子們現都已大學畢業，也有非常好的工作。我們每年都會去阿忠的墓地看看他，向他報告他的一家人都很好。寫到這，心中實在難過，我們會繼續盡心照顧你的家人，請放心，期待日後再相見。

不義之財莫輕取，自毀前程等著你

有一次陪伴母親返回武漢，陪伴她到武漢市的婦聯會進行參訪。她們為母親做了一個簡報，分析當時女孩子升學讀書的狀況。表示如果一個家庭中有一男一女，女孩子通常是沒有機會去上中學的，因為一般家庭最多只能負擔一個孩子的學費。中國社會當然仍是重男輕女的，所以女孩子因無法繼續學業，所以只能去工廠當小童工。聽到這裡我實在太瞭解了，因為我們工廠裡經常有年僅十二、三歲的小女孩憑著假身份證，喬裝成已年滿十八歲的模樣來謀職。會後，母親同意幫忙五十個小女孩完成初中學業，武漢婦聯會則選擇了湖北省較偏僻的趙棚鄉爲揀選地點。我親自去見了這五十名個小女孩，一見之下，我從本來五十個名額，一下子又額外增加一百名，所以總共是一百五十名小女孩。後來這當中，有一百人順利考上高中，之後又有五十人進入大學就讀，最後更有一位名叫「艾誠」的女孩完成「碩士」學業，實在令人振奮。而這個特別設立，培養女子念書的班級，我們便以母親的名字命名爲「慧懿春蕊班」！

婦聯會主席曾經說過一番話，我覺得非常值得大家思考，她說：「女孩子的教育其實比起男孩子更重要，因爲女子是每個家庭的核心，上要孝順父母、公婆，更要幫助先生和照顧家庭，還得照顧和教育孩子們。每個家庭裡若有一個受過教育的婦女，這個家只會更和諧美好。」這話說得太好了，我絕對百分之百同意。畢竟若沒有媽媽的牽成，未來會有你成功的一日嗎？此外，老天爺應該相信我還有能力吧，所以又給了我更多的能力和財富。老婆大人完全同意我們應該多做回饋，所以我們在確認自己與家人生活無虞之後，就開始多方投入社會公益。在美國，我們捐贈了許多獎學金給中文學校，並且協助華人參政，我還曾經是美國「百人會」的會員，這些事蹟，說上三天三夜也講不完。

但大家可別以為我只在中國大陸耕耘，我其實回饋故鄉臺灣的事蹟也不少，例如我是長期捐贈天主教福利會的未婚媽媽中心、孤兒院及中途之家的捐贈者，時間長達三十多年。而我也與正修 532 班的幾位同學，例如梁治、許明雄和黃啓川等人，共同捐贈了一個土木工程的航空特別班並提供獎助學金，藉以作為研究開發基金等，鼓勵大家奮發向學。

各位，留德給子孫遠比留錢來得重要。看看你身邊有多少人為了爭家產而鬧上法院，家族不合者，比比皆是。越有錢的人，子孫往往搶得越凶，拚得更激烈。需知金錢若未善用，帶來的就是毀滅；取得財富的來源若不正當，則必當導致身敗名裂、家破人亡。

切記，切記！

作者參加四川省的世華人小學的開工典禮。

作者（前排右八）與湖北省武漢世華小學老師們合影留念。

貳 積極投入建設，獲多屆美國總統接見

認眞說起來，我的人生當中有許多遭遇都是誤打誤撞而來。記得剛到美國念大學的第一學期，學校只要求我補一般學科，所以我選了一堂必修課「美國政治學」。在這門課程中，我踏進了美國的民主世界，體悟到《獨立宣言》的精神和重點，明白聯邦政府、州政府與地方政府的不同，甚至是各州的法律及精神，也大有不同。另外，我也選擇了美國歷史課程來修習，藉以瞭解美國創立和建國的過程和精神……。這些知識是我從未想過將來能派上用場的素材。畢竟美國的政府組織是市、郡、州、聯邦，每個城市、郡和州之間，各個有不同的規定和法律規範，譬如在A城市，你可隨意在路旁插一面廣告旗子，但到了B城市，或許你就不可以

這麼做。另外，在某州實施墮胎是合法的，但到了另外一州恐怕又不合法了。又例如在德州每人只需登記就可以買把手槍帶走，但在加州就得先要登錄詳細的身家背景，經審核若通過，十天後才可去領取槍枝。

而這，就是美國特色。

前輩陳李婉若女士（前蒙特利公園市的市長）推薦我參加「百人會」，爲我引見了許多當地有名的華僑前輩，我也參加了許多協助華人參政的組織，這些經歷都讓我增加了不少見識。當然重點是出錢出力，與其他民主國家一樣的，美國亦然，畢竟政客最需要的是兩票——「選票」和「鈔票」。然而爲了避免弊端，每筆捐款都必須申報捐款人的詳細資料，且每個職務都有嚴格的規定上限。二〇〇〇年，美國兩黨因爲華人和亞裔人口迅速成長但卻又缺乏華人從政，所以兩黨都在積極找尋「亞裔代表」出來競選各種政府職位，譬如加州眾議員、加州參議院與加州各郡的議員、聯邦眾議員等，所以，他們經常來遊說我加入。我眼見許多政客朋友，幾乎是沒有私人生活。還得到處參加各種聚會活動。天天向人家要鈔票和選票。我才沒有那麼「呆」呢，選上了好像很神氣，但下臺一鞠躬後往往就沒人理睬你了。何況從政對我來說是既沒銀子更無油水的活兒，我還要奉養父母和養家活口呢，經濟壓力很大，故而我自是敬謝不敏啦。

但是即便如此，我們有一群華僑團體（我個人也有特別捐贈）依舊出力協助幾位優秀的華人如劉雲平、趙美心等人，由市議員參選到加州眾議員，再到聯邦眾議員，成績斐然。另外更是支持好友江俊輝一路選到加州的財務長，可惜競選加州州長失利，功敗垂成。這個長期的支援是二十年如一日，參選人自己要非常努力，助選團隊的金援也是非常重要。總之全世界都一樣，選舉有兩票，一要選票，二要鈔票。

只是政治看多了，我偶然也會心動。記得是「歐巴馬」當參選總統時，民主黨來找我，表示他們需要一位年約五十歲的亞裔美國人協助他們到國家安全部還是外交部去負責亞洲韓國、日本、臺灣及中國的關係和管理。他們希望的條件是本人具備較好的經濟基礎，瞭解亞洲尤其是臺灣和中國，當然要是美國公民，而且最好有服過兵役的經驗，美國大學畢業的碩士以上，起碼懂其中一種其他國家的語言特別是中文……。也因為美籍亞裔是他們的首選，故而在公民資料庫裡找到了幾乎和他們理想中百分之百切合的我。我想了幾天，認為這個職務可為我們亞裔和熱愛的臺灣和中國做一些事，所以答應他們只要家人同意，我就願意去。待我回家和夫人商量後，老婆是 EQ 非常高且有智慧的女性。她簡單回答道：「你若比較喜歡歐巴馬，那你就去吧！」這不是廢話嗎，我當然比較愛老婆和孩子啊。所以，只好又打退堂鼓了。

這些年，我出錢出力幫忙許多華人還有白人朋友競選市議員和市長，也有加州的眾議員和參議員、聯邦的眾議員等。他們一向都很怕我開口，因為雖說我從未抱持過私心去金援他們，但他們也明白，只要 Joe 開口，肯定是大事……。但幸好，我通常若有所求，就是請大家盡心盡力地為人民服務。此外，因為參與了許多地方和社區的活動，也捐贈了不少銀子，為地方做出許多貢獻，所以加州參議會特別頒發「最佳公民獎狀」給我。民主黨更為我安排，在前總統柯林頓先生訪問加州時，順便接見了我和我夫人。柯林頓先生個子高大，是個大帥哥，極端聰明，我老婆簡直愛死他了。而我則是牆頭草，畢竟在美國還是屬少數民族，所以必須與兩黨都交好，共和黨也曾在前總統小布西來加州訪問時順便接見我和夫人，大家相談甚歡，雖說他並沒有柯林頓那麼聰明，但也算是一個容易親近的好好先生。換言之，比柯林頓老實多了。哈哈……

目前，我已經超過六十五歲了，已經準備邁向古稀之年的年紀，我也決定日後不再出面參加地方和社區活動，尤其是與任何政治有關的。自詡此生應該已做到一位公民應盡的貢獻，對得起我曾居住過的地方，不論是台灣、中國和美國皆是，未來，就多留點機會給別人去表現吧！

參

山水有相逢，我與神探李昌鈺的一段情……

很多人包含我的父母和家人截至今時還是搞不懂，我爲什麼會和刑偵大師李昌鈺先生認識？嚴格說來，我有好幾個不同版本的說法，端看什麼對象，什麼場合，胡說八道地亂吹一套。譬如我曾告訴他們，因爲當初在特種部隊服役所以結識CIA，現在我是業餘CIA的人員，曾在一個命案現場碰到李博士，因此結識。另外，我也說過，自己是在參加某個「氣功」比賽時，李昌鈺博士擊敗了我，所以拜他爲師。還有一個更玄的說法是，我是在黃山打坐練習心靈溝通時，在第八度空間碰到了李博士，他當時正好在黃山修煉，所以認識。總之，我就是亂七八糟胡扯一通，再次愼重地向被我騙過的朋友們說聲抱歉，我實在玩心太重了。眼下，且容我從實招來……。

事實永遠只有一個版本，我要說得事情亦然。

一九九六年，我和前輩陳李婉若（前蒙特利市的市長）受邀參加「美國著名僑領慶祝香港回歸訪華團」，李昌鈺博士正好就在這個團體裡。我們這群人在當時都是自我感覺良好，自認是老大的高級美籍華人。正好有一天，團體安排的行程是邀請李昌鈺博士到中國的公安部演講，主辦單位希望大家都參加，而我心想反正也沒事，何不趁機去鼎鼎大名的公安部瞧瞧吧。那時，美國著名的辛普森事件已經審理完畢，李博士在美國聲名大噪。兩岸三地的員警們均對李博士崇拜尊敬得不得了。當年，李博士也才不過五十八歲，整個人神采奕奕，氣度非凡。

而在聽完他的演講之後，我徹底服氣了。因爲李博士在演講當中所談及的例子大多是他親身經歷的案件，過程描述得既清楚又明白，加上他有許多珍貴的現場相片和幻燈片佐證，這讓他在描述辦案經過跟審查過程時，臺下的聽眾頓生猶如正在看電影或根本親臨現場的錯覺。根據觀眾的不同，李博士甚至還有不同的解說方式，例如對一般觀眾，他就像是在講故事。若對象爲刑偵科系的學生或員警人員，他就會一邊解釋一邊教導大家怎麼分析、觀察，應該用什麼儀器，注意那一些細節，提取那一些證據，怎麼觀察和與嫌疑犯問話等等。同樣一個主題，卻因演講的對象不同，適度調節演講方法和內容。搭配上一流的口才，風趣幽默的談吐，讓我還眞是對他甘拜下風！

某天下午，我們的行程是和北京大學和清華大學的師生進行座談。我因爲臨時有位大領導要單獨接見我，所以晚了半個鐘頭才到……。一踏進會議廳，楊思勝醫生便告訴我，學校方面是來要錢的。想當年，這兩所名校都需要資金挹注（那個時代全中國都窮都要錢都要幫忙）。我因爲晚到，所以一坐下來，清華大學校長急忙恭敬地趨前並雙手奉上名片，對我深深一鞠躬，希望我捐贈獎助學金，幫助清寒學生就學。這其實本就是我樂意做的事情，畢竟教育是社會和國家最重要的投資，我自是爽快答應了。但萬萬沒想到事情發展這麼奇怪，直到後來我才知道大夥兒都沒有樂捐，僅僅只有我一個同意助資，遑論我根本也沒問到底要捐多少錢？幸好的是，他們並未獅子大開口，提出的金額都在我的預算和能力範圍內。

當晚回到酒店，李博士跑來找我，邀請我到他房間聊一聊。早上才聽過他精彩的演講，我確實也想和這位老先生交交朋友，所以，準時來到他的房間赴約，見面後雙方寒暄幾句，李博士開門見山地說：「老弟，你能不能也幫忙贈一些獎學金給臺灣的警官，讓他們也能來美國念書。」我當下心想，怪怪……，怎麼又來了一個要錢的，煩不煩。可是轉念一想，幫忙臺灣訓練員警也是一件好事，反正李博士也沒有獅子大開口，乾脆做個順水人情，我也就爽快答應了。

有一天晚上，晚宴結束後，回來時間還算早，楊醫生找我到北京飯店外面去按摩。我們兩人正在鬼鬼祟祟地商量去哪裡按摩比較好，只見李博士湊過來低聲問道：「你們兩個在商量什麼好事？」另外一位謝博士（彩色的影印機發明人）也湊上前來尬一腳，說是要參加……。本來與楊醫生兩個人預備偷溜出去按摩、喝點小酒，輕鬆一下的。眼下若要帶著一個警察和一個書呆子一起，豈非自找麻煩？那知這兩個老小子肯定知道跟著我們大概有好康，於是乾脆霸王硬上弓非要跟定我們了。而我們兩人無奈之下，也只有帶著他們直奔某某天上人間，一起同樂了。

不打不相識，歪打正著的結緣經過

其實楊醫生是吃喝玩樂的高手，李博士和謝博士這兩個住在美國的「阿呆」哪裡知道臺灣、中國和東南亞正是男人的世界，在此之前哪裡嚐試過這種「人間美味」？一整個晚上下來，根本被迷惑得毫無招架餘地，只能頻說太好了，太好了……。結束晚上得趴踢之後，楊醫師忍不住說話了：「Henry（李博士），你是刑偵科學的大師，確實很棒，可說起吃喝玩樂這檔事，你可就眞得拜我爲師。而Joe（就是作者我本人），你就拜Henry爲師，向他請教偵察辦案的知識，增長見識，如此一來，我就可以充當你的師公……。現在，我們就請謝博士當作見證人，開始舉辦拜師儀式。」就這樣，當時的幾句玩笑話，讓我們直到現在，每次見面依舊互相戲稱師公、師父及徒弟，只是怎麼算還是我最虧，因爲我的輩份最小，哈哈。直到後來有次機會與師母聊天，她告訴我，李博士告訴她，他那一趟行程最大的收穫就是收了我這個「傻徒弟」。多年來，我也希望自己能夠收留一個像我一樣，出錢出力，鞍前馬後，服持左右，忠心耿耿的徒弟兼保鏢。只是天不從人願，實在是「鍾某啦」！（台語）（找不到啦！）

日後，因爲我經常往返美國、台灣、香港和中國，除了視察廠務，便是忙著開發業務，所以，當李博士前來臺灣和中國演講教學時，我一有空檔就幫忙，笑稱是服侍師父。後來，李博士也讓我去接受一些刑偵的訓練，並且頒發一個非常珍貴的美國「員警徽章」給我，我非常珍惜，多謝李博士抬舉了。此外，我也參加了李博士的刑偵團隊，我們經常一起到中國和臺灣各地去訓練員警和刑偵人員。李博士對提升臺灣和中國的刑偵科學眞是功不可沒，臺灣和中國能有今天的國際水準，這完全是李博士不辭辛勞，下了幾十年的功夫和心血，一點一滴建立起來的。我們兩人臭味相投，都是滿腔熱血，愛學生，愛教育，愛臺灣，愛中國的人，我印象最深刻的便是臺灣 319 阿扁槍擊案就是我和李博士帶隊去臺灣協助調查的，那次的經歷實在是精彩無比且終身難忘。阿扁總統當時身上穿的衣服便是我負責檢驗的，至於呂副總統的大腿，我礙於查案需要，也不好意思有摸了一下做檢查，其他留著訪問時再講故事給大家聽，過程保證精彩。

不打不相識，歪打正著的結緣經過

李博士生活飲食都很節制，絕不暴食暴飲，每天請他吃飯的宴席實在太多，卻也從未見他失去節制，反倒是我，逮到機會就大吃大喝，實在吃過不少好東西和怪東西，例如飛禽走獸便幾乎嚐過一輪了。記得有次我們到西藏視察，看起來相當美味可口的犛牛油點心，我好奇吃了一塊，實在覺得有夠腥，連忙擋住李博士吃。而李博士因爲家鄉在江蘇如　，所以每次回故鄉，「蟹黃包」更是必嚐的美食，這個滋味眞的堪稱一絕。附帶一提我們截至目前還會聊起的一段趣聞：有次和美國的警察兩個老白的兄弟和李博士一起去上海參訪教學，吃完飯後，我們三兄弟一樣到「酒吧」喝酒打屁，席間喝得可愉快了。而買單時一看，乖乖，居然要好幾百美金，還眞把大夥兒的酒意都給嚇醒了……。也不知是誰起的頭，我居然把帳單簽到李博士的房門號碼，因 心想，他的帳單肯定是別人買，但結果，即使知道是我們作弄他，李博士竟還是不讓他人幫忙付錢，而這一個酒吧帳單風波，因此被大夥兒笑了一輩子。

我與李昌鈺博士幾乎是遊遍了整個中國大陸，博士親自開車而且是警車喔，我們奔馳在絲路上，在敦煌和月牙湖飆車；一起爬黃山；遨遊杭州西湖，甚至到西藏轉山，去四川遊歷……無限美好的回憶，至今不曾忘懷。

李博士終生最大的心願就是要蓋一間「李昌鈺刑偵中心」，我也努力幫忙募捐了幾百萬美金，終於完成了他的心願。只是燒錢的事業不好使，唉，這個中心日後也拖累了他！而他本人努力不懈、持之以恆地爲中國和台灣甚至全世界培養許多優秀人才，居功厥偉，功不可沒！

最後，我一定要提一提的人是李博士的夫人「宋妙娟」女士。她是一個偉大的女性，因爲博士終年在外辦案、參訪或教學，幾乎都不在家，故而家中大小事務，孩子們從小到大的教育等，全部都交由夫人一手包辦。但她從來不抱怨，始終盡心盡力地爲家庭奉獻，讓李博士全心投入在他的使命裡，和我母親一樣，典型的賢妻良母。早期，從臺灣送來博士這裡培訓的員警、學生們，因爲實在沒有經費，所以吃住都在李博士家。但夫人從不以此爲苦，永遠盡心盡力照顧大家的衣食起居。直到後來，即使李博士出名了，她依舊不改其志，始終謙虛地隱身在李博士之後，默默地支援。對待親朋好友永遠親切和善，若有人贈送過分貴重的禮物，她也絕對不收一定退回。只可惜，或許是早年太過操勞，夫人身體向來虛弱，加上罹患過好幾種癌症且中風多次，故而在幾年前，當她和李博士由歐洲返回美國時竟然中風又復發了，結果導致顱內大出血，回天乏術下便離我們而去了。她深深愛著李博士，爲了李博士犧牲奉獻鞠躬盡瘁死而後已。我永遠記得，她就與我偉大的母親一樣，永遠爲了家庭犧牲奉獻，對她，我只有尊敬與懷念……。

作者接受李昌鈺博士頒獎。

作者（後排站立者）與李昌鈺博士夫婦在杭州合影留念。

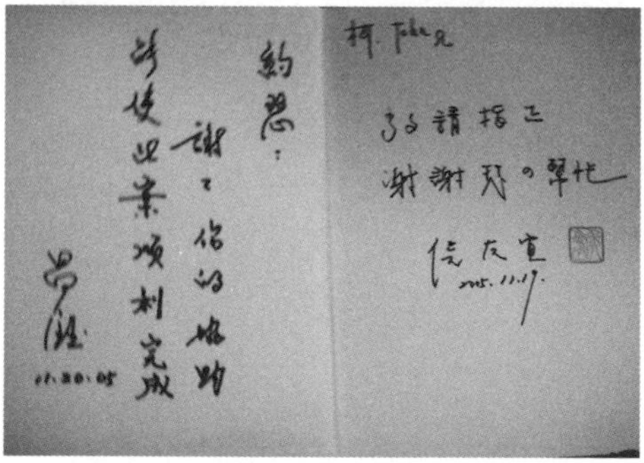

李昌鈺博士和新北市長侯友宜當年的親筆簽名致謝函。

肆 我在中國大陸的好朋友

因爲經常參加由各地華僑慈善團體舉辦的公益活動，以及捐贈世華小學之後的參訪活動不斷，讓我有機會深入中國大陸各地去旅遊和參觀。在這個過程裡，我認識了許多人，壞人好人都有，衷心希望大家只會碰到好人，避開壞人。嚴格說來，在中國這幾十年的遊歷，著實讓我大大的見識了一番。

話說一九九〇年代，全中國上下一心，全民展開「招商引資」的積極運動，上至國家領導，下至所有大小官員無不以「招商引資」爲首要任務。當時我已在深圳東莞創業，自是大家趁機拉攏的對象。加上我是南加州的僑領，又是美國「百人會」的會員，在中國各地又有許多捐贈和貢獻，所以有一段時間，我確實面見過許多大人物。例如中國外交界的第一高手錢齊深先生便是一例，錢先生本人沉著冷靜，心胸廣大，透過他的規畫，為中國制定了開放以後的外交基礎。我也見過江澤民先生，他可是當時中國政界的第一把交椅，江先生本人聰明有才華，他的國家方向、策略和戰略，順利完成了中國改革開放的前期的階段性任務。

朱鎔基——國與家的經營關竅

此外，我也見過朱鎔基先生，這位中國近代的偉人，清廉公正，不僅深受中國人欽佩，更贏得全世界的尊敬。記得有次參加一場朱鎔基座談會，我提出一個問題：「報告總理，我們來中國投資設廠，但卻苦於產品總被中國廠商抄襲，我們的智慧財產並未受到妥善保護，請問總理是否有辦法設立法規來保障廠商權益，並且強化中國人民針對專利法的共識？」

只見朱總理點點頭，說道：「柯先生，首先謝謝你在中國捐贈了許多希望小學，並爲我的母校清華大學設立獎學金。你爲中美的外交和友好活動作出的貢獻，我也要謝謝你。更重要的是，你算是最早返回祖國投資設廠，提供工作機會，訓練員工並幫助國家培養人才的功臣……」其實當他說到這裡時我已然服氣了，因爲他肯定在會議前已看過我的資料而且完全記住。他接著說：「你提到的確實是重要但卻困難的問題。國家改革開放不久，有許多地方尤其是《商業法》亟需改進，努力進步到符合國際的水平。然而說實話，短期內確有困難但我們仍會不斷努力，以求改進。」

然而聽到這邊，我心裡其實是不滿意的。想來朱鎔基先生肯定知道我的心思，所以他又接著說：「柯先生，你是MBA工商管理碩士，應該知道『大經濟學』和『小經濟學』的差別，畢竟公司是『私人管理』，屬於『小經濟學』的領域，而我負責的是『國家行政商業管理』，這比較偏向『大經濟學』。我們願意提供良好的投資環境，提供優惠譬如免除稅務、提供廉價土地和人力等，這就是改用另一種方式來補償大家。你先生沒有返回祖國前，我們出口電話機是零，現在一年則有幾個億的出口額度。以前也沒有出口保全產品，但現在也是一年有幾個億的額度。更別說碎紙機和辦公設備出口，現在每年少說也有幾十個億的出口額，這些其實都是因爲你回來中國投資後帶起的領頭作用，所以才有更多廠商來中國投資。何況這麼多年下來，你又爲祖國培養了許多人才，當然也許有些人成爲了你的競爭者，可是站在整體國家經濟發展的方向和前題下，我的重點是大經濟學要爲國家發展整個工業，希望你能夠體諒和瞭解。最後我仍要特別感謝你帶動了這幾個工業爲祖國的發展做出貢獻。」一番話說下來，著實讓我啞口無言不知如何應對，也給我好好上了一課。我瞭解到企業家與國家領導人在經營上的不同，諸如觀念、看法和經營重點等，樣樣都不同，這或許就是「偉大」吧！我實在太欽佩了。

習近平——失之交臂的一場約會

我也有幸見過胡錦濤先生，雖說只是握握手，大家一起合照而已，但透過他的團隊，我感受到這個領導班子肯定是臥虎藏龍，人人都是中國一等一的好手。而値得提一提的是，我與中國目前的扛霸子習近平的會晤，這可就有意思了。記得當年他還在浙江省擔任省總書記，而我正好預備去浙江投資，所以就在某天，國務院僑辦幫忙安排了在「西子賓館」裡唯一靠西湖旁的「貴賓廳」設宴款待企業主，晚上六點準時開席……。可是約在下午兩點時，僑辦的主任通知我，因爲習近平總書記也要在這個餐廳宴客，必須使用西湖邊的「貴賓廳」，所以我們只能把餐廳讓出來，轉至其他包廂了。畢竟浙江省總書記是層級比省長還大的領導，我當然得把包廂讓給他。沒想到就在大約下午五點半的時候，僑辦的主任和另外一人跑來找我，僑辦主任介紹那位生面孔給我認識，說道：「這位是習書記的秘書。」我點了點頭，算是打招呼。

這位秘書先生接著說：「習書記聽說柯先生是愛國僑領，對祖國和浙江省貢獻良多。

（我在浙江省捐贈了兩所世華小學，并且已經在嘉興訂購了一百畝地準備建工廠）先生難得來杭州一趟，我們本該讓先生使用貴賓廳，習先生特地叫我來跟先生致意，順便歡迎先生來浙江省參訪並再次謝謝柯先生。」

聽到這裡我趕忙說：「這怎麼好意思⋯⋯。我可否當面向習先生道謝，也順便見見習書記？」這位祕書聽完非常感謝也同意幫我安排。但因爲大家馬上就要各自赴約好的晚宴。所以就約好晚上九點喝茶或喝咖啡聊聊。西湖裡的貴賓廳都是獨棟小樓，內部陳設走高雅的江南文風，古色古香，面臨西湖，一整排的大面窗。席間既可一邊吃飯飲酒，更可品味西湖美景，實是人生一大樂事。只道美景當前，人生幾何，何況江浙美食實在美味，我當晚應是多喝了幾杯，回房倒頭就睡得迷迷糊糊，完全忘了晚上和習書記的約會⋯⋯。我永遠記得那是二〇〇五年的事左右，多年後，習書記成爲全中國的第一把交椅，成爲總書記和國家主席。當年的失之交臂，實在太可惜了。但也就這麼一點點的小小接觸，也讓我看出習主席的爲人和風範。可敬可佩。

旅行社勒索，北京官要出手相幫

還記得我與正修 532 班的同學曾經辦過一次四川九寨溝的旅遊，全班同學加上邀請老師、師母一起出遊。當時是先搭飛機前往九寨溝，回程再坐大巴士返回成都。大家沿路欣賞美景，途中又碰到下雪，大家因爲多半來自臺灣，難得看到下雪，所以都非常興奮，玩的非常盡興。只是快樂時光總是短暫，當地的地陪某天突然宣佈：「因爲天氣的關係，目前有許多旅客滯留在我們今晚入住的酒店，原本的兩人房要改成四人房，委屈大家了……。」其實乍聽之下也覺得合理，故而大夥兒均不疑有它，直到隔了約一小時後，地陪又宣布房間數仍然不足，變成六個人一個房間。聽到這邊，我覺得有點過分了，心裡開始冒火。可是轉念一想，我們目前困在成都的深山，雞不生蛋、鳥不拉屎的地方，加上傳聞中國有些惡質地陪會生怪招刁難旅客，所以也只好先按兵不動。心裡猜想著，他們現在使的招術便是把遊客和臺灣的呆胞全部困在一起，如果你們本是預定兩人房，現在他們只要改成六人房，這樣一來，若整團原需二十一個房間，如今稍用藉口便可把房間數降爲七個房間即可，他們立馬現賺了十四個房間，一晚的住宿費……。當然，這個前提是，他們不會退你任何費用，畢竟理由是天候問題，而非人爲疏失。

眼見事態演變至此，我只好跟同行的好友張振中表示，我要打幾個電話請人來處理這個問題。哇，如今回想那已是多少年前的事了，當時的中國，荒山野嶺的，居然電話還會通。我先打給北京公安部的朋友，表示：「老虎呀，是，我是柯大哥，需要你幫個忙。我現被困在九寨溝前往成都的山裡，感覺應該被地陪誆了。對方要我們從原本兩人一間房改成六個人擠一間，麻煩你看看附近有沒有派出所的兄弟，幫忙我們解決一下。」我順便給了他酒店名稱和位址。老虎一聽便說：「我來處理，大哥放心。」

後來我又多想了一下，假設他萬一聯絡不上怎麼辦，但想說反正手機可以通話，所以就加碼再多打了一個電話，這次是給北京的「京官朋友們」—我通知了外交部、軍委、武警、國務院僑辦，再加上公安部，想想陣容夠龐大，應該夠了。而這時，我們搭乘的巴士也已快到酒店了，從車窗往外看，只見飯店門口黑壓壓地立了一群人。張振中因不知實情，所以打趣笑說：「你看這麼多人，難怪飯店沒有房間，看起來是有政府官員要入住，員警、軍人隨行一大群人……。」這時大夥兒下車了，我讓坐在前面位子的老師與師母及大嫂們先走，最後才下車的。這時，他們方才明白原來這群人是來迎接我們的。有位男士表示自己是當地的縣長，接著介紹當地的公安局長、武警隊長、軍方大校代表、僑辦主任及酒店總經理等人給我們認識。並且告訴我，北京方面交辦的事情都已安排妥當，請我放心。這次，酒店總經理親自接待，大家仍維持入住兩人房，並且為我特意安排了一個「總統套房」。縣長表示：「上面交代，您這次因是私人行程，所以我們就不打攪了。」只在晚宴上幫我們多加了一點菜，以盡地主之誼。

哈哈，縣太爺一走，我馬上去了老師和師母的房間請他們與我交換房間。老師和師母踏進這個總統套房嚇了一跳，直說頭一次住這麼大的房間，實在太驚訝了。隨後，老師更在宴席上說：「我是從小看你長大的，約瑟，你跟老師說實話，這是怎麼回事？」看著 老師滿臉的迷惑，我回答：「老師，我在中國這些年交了一些朋友，這是他們幫忙安排的。」老師聽完我的解釋，方才釋懷。

總之，朋友在我們人生過程中實在太重要了。畢竟在家靠父母，出外靠朋友。阿瑟在此再次感謝各位兄弟姐妹的幫忙。

吃飯喝酒享美景，天山之行樂無窮

其實我在新疆也捐贈了一所小學，我特別喜歡中國大西北的風土民情，跟新疆人特別投緣，喜愛他們的文化與熱情奔放，人人愛好歌舞，實在有趣。當地的羊肉滋味鮮美，用手抓羊肉啃，配上一大碗的羊奶酒，一邊唱歌一邊跳舞，整個空間充滿了塞外西域的風情，實在令人著迷。其實維吾爾人和哈薩克族人，長相與我們漢族人民完全不同，維吾爾族比較像中東人，而哈薩克族則混有一些白俄國人的模樣．我曾向 532 班上的同學大吹特吹了一番新疆美女如雲，同學們早就聽聞新疆出美女，每個大野狼都迫不及待地請我再籌辦一場新疆旅遊。這次，我甚至把美國的恩師莫先生也一併請來同樂。兩位恩師湊在一起，我總算是如願以償了。

行程的第一晚，我們一行人到達新疆，我的哈薩克族朋友「哈兄弟」前來迎接，他可是當年新疆軍區司令，長相跟白人一模一樣。他安排晚宴爲我們洗塵，到了宴會場地，大夥兒發現廳內兩旁竟站著衛兵，而宴會廳竟可擺下一張可容納五十人的大圓桌。我可是我此生看過和坐過最大的圓桌，實在讓我大開眼界。席間，烤全羊加上當地各式西域美食佳餚，配上新疆美女的歌唱舞蹈，我們這群同學全都喝得酩酊大醉，人人皆歡樂得不得了。但幸好樂歸樂，沒有人酒後亂性，算是幫我留了一點面子。之後，我一謝再謝，哈兄弟拍拍我的肩膀說：「大哥難得來一趟，我當然要給大哥做足了面子。」哈尼把提，謝謝你！我交心的好朋友。

隔了幾天，我們前往新疆著名的天山和天湖旅遊，地陪表示一切都已安排妥當，到了當地，會先安排我們到天山上的「氈包」吃手抓羊肉。豈知結果還是被惡搞，地陪安排的竟是在民家的「氈包」吃飯，而且只在「天山」山腳下……。這可不是我要的，因爲我要的是在「天山」山頂的「氈包」營區。地陪聽完我的訴求頻說那是不可能的，因爲那個特區只招待國家和國外領導。哈哈，這一來，我又得打電話了。記得當時新疆僑辦的「莫主任」正好就是新疆的前旅遊局的局長。他早就和我約好，要在我們離開新疆的最後一晚爲大家設宴送行。我立馬撥打手機告訴他目前情況，他則回覆我馬上處理，跟我要了遊覽車的車牌號碼……。大概過了二十分鐘吧，他回了我一通電話，告知一切都安排好了，請我放心。接下來，我們前進到「天山」的大門，進山的入口，地陪表示巴士無法再往上走了，必須改坐「纜車」，而且上山後還得再走二十分鐘的路才能到達營區。我信心滿滿地告訴他：「不必，我們的巴士可以直接看到營區。」他滿臉疑惑地看著我問道：「大哥，您到底是幹什麼的？」我沒有回答他，只是請他不用擔心。這時大門警衛前來迎接，因爲他早就接到通知，讓我們直接坐巴士到營區即可，「天山」的僑辦主任和旅遊局長已在等待我們了。

幸運的是，當天正好沒有其他領導參訪，所以我們就進入了天字第一號大氈包，這個特別的氈包可容納五十人吃飯，甚至還有跳舞的空間，曾經招待江澤民、胡錦濤等人，以及各國元首和貴賓。午宴重點菜式是水煮羊肉，配上各式新疆美食。天山上甚至還有一個歌舞團，各個都是帥哥美女。而一看到他們一上場表演，大家全部嗨起來，帥哥美女各個酒量驚人，我們還未遊覽天山，大家又都已經酩酊大醉了。

整個行程走完，我們最後回到烏魯木齊，當晚，「莫主任」和「艾利」又安排了一場新疆晚宴。我們這一群恐怖的532同學們，大夥兒心想，反正最後一晚了，全部把帳都都記在「老柯」身上好了。於是人人都不客氣地大吃大喝，甚至把人家餐廳「伊犁老窖」內存放最好最貴的美酒全部喝光，戰鬥力實在驚人。在此一併謝謝「莫主任」與「艾利」及所有新疆朋友們的照顧。

我在中國幾乎每個省份都有好朋友在，希望有天可以來一次環中國大旅行，逐一去拜訪這些老朋友們。筆者在此奉勸大家，一生一定要結交幾位好朋友，更要懂得珍惜他們。

伍

警界商界一把抓，我與臺灣的知交好友

我出生在臺灣的基隆市，十歲搬到高雄，十九歲服兵役，待二十一歲退伍後就直接赴美求學。待再返回臺灣時已經三十一歲，離開臺灣整整十年。出生地永遠是每個人的故鄉，從小到大成長的過程，肯定充滿回憶。當然，我對臺灣的感情自是如此。

三十五歲時，雙親希望我返回中國幫忙，所以我親身經驗了中國由一個貧窮國家蛻變成世界強國的過程。我爲中國感到驕傲，同時也熱愛這個國家。

目前家人雖都已移民美國，但我在臺灣仍有許多好友和同學，所以我經常往返臺灣美國兩地。時時想著臺灣的美食小吃、臺灣人的熱情好客。可是即便如此，我在臺灣創業的過程中，還是不幸碰上一些挫折，遭遇白領詐騙集團的欺騙，這些事情都讓我非常受傷和傷心。然而即便如此，我還是願意熱情擁抱我的故鄉，只要我能力所及，我依舊願意幫助有需要的人。

警界朋友不少，臥虎藏龍高手多

因爲創業的緣故，我有幸能夠與一些臺灣的政府高官見上一面，例如我便與臺灣歷年來的幾位總統都見過面，也算是與有榮焉。例如我有一個好朋友是美國聯邦政府的眾議員，前總統馬英九先生出國訪問路經洛杉磯時，曾表達希望與共和黨的聯邦眾議員見面。朋友邀請我一起去參加這場早餐會，所以我有幸見到了馬英九先生。他本人確實是大帥哥一個，英文更是流利。而餐會上只談風花雪月，完全沒有論及任何國家大事，實在有點失望。朋友私下也曾問我，何必浪費時間單純吃個早餐？我不了解政治，不過還是很開心能與馬英九先生吃頓早餐、合影留念。

之前曾因臺灣貿易局邀請，我返回臺灣設立研究開發的公司，臺灣貿易局安排我去參加臺灣招商引資的大會，並且安排蔡英文總統接見我們，大家握手合影，接受蔡總統的頒獎，看起來好像還不錯，然而結果依舊是被人設局詐騙，唉……（詳情可看《世界是平的，就等你去闖：阿瑟創業傳奇驚魂記》一書）。

新北市長侯友宜先生在319槍擊案發時，正是刑偵局的局長，我們待在臺灣的四天裡，只見他二十四小時全程陪伴，一起展開調查分析的工作。我們幾乎是不眠不休的工作，而他也和我們一樣，實在令人佩服。他也是李昌鈺博士的學生，也擁有博士學位，本人非常精明能幹，性格更是沉著冷靜，可說是專業知識和技術皆屬上乘的人。加上有膽有謀，與所有的刑警們相處融洽，遇事時願意身先士卒，故而贏得弟兄們的尊敬。319槍擊案後的他，官運亨通，成為當時最年輕的臺灣警政署的署長，後來又成為警察大學的校長。而萬萬沒有料到的是，他竟然參與政治，搖身一變成為新北市長，實在令人振奮。Good Luck！搞不好哪天他會出來競選總統，畢竟目前的臺灣政壇確實需要一位正直清廉的鐵漢，天佑臺灣。

我與李昌鈺博士已是舊識，所以我也認識不少他的徒子徒孫，程曉桂女士便是其中一位。她是李博士早期的嫡傳弟子，前臺灣刑事偵察實驗室的主任。她算是眞正得到李博士眞傳的入門弟子。生性非常勤勞努力，工作時總是不眠不休，親身履險地。一個女孩子卻比男同事還要吃苦耐勞，也因此積勞成疾，實在不幸。不過還好退休後身體逐漸復原，我很爲她高興。記得在319槍擊案時，她不辭辛苦地陪伴李博士進行各項分析，甚至臨場指點我如何檢視阿扁總統的血衣等等……。還記得她永遠就是擺著一張「撲克臉」，總是不太笑，或許是工作壓力太大了吧。加上生性嚴肅，連我看到她都有點怕怕的，大家可以想像當她的手下，肯定更是戰戰兢兢。直到退休後偶遇，我這才終於看到她的笑容。現在的她當起家庭主婦，照顧婆婆與家人，眞是一個孝順的好媳婦，祝福她有一個美好的退休生活。

另外還有兩位値得一提的好兄弟──李承龍博士和范兆興博士。他們兩位都是警察大學研究「刑事偵查科學」科系前後期的同學。非常努力好學，也經常陪伴李博士到世界各地去考察和演講，我們因此結緣相識，成　好朋友。范博士目前仍在第一線帶領學弟妹做各種案件的刑偵工作。李承龍博士則是台灣警察大學第一屆「刑偵科學」正科畢業的學生，現任警察專科大學教授，將自己在前線實際經歷的數十年經驗，傳承給後進的學弟妹們，可說功德無量。

此外像是前臺灣調查局的局長吳東明先生，也是我的舊識，我總是尊稱他一聲吳叔叔。他是李博士自高中時代起至今最親密的好朋友。當初也是他陪伴李博士去追求李博士的夫人宋妙娟女士的。我也是因爲李博士才認識吳叔叔。他是陸軍軍官校第二十期的畢業生，父親曾是臺灣憲兵部的司令，是標準的軍人世家出身。外表人高馬大，英俊瀟灑，非常聰明。記得他說過自己在服役期間便已三度考取公費留學資格，順利取得碩士和土木工程博士的學位。在軍隊裡的閱歷也非常踏實，一路由基層排長、連長、營長、團長晉級到陸軍中將，最後甚至還擔任前總統蔣經國先生多年的侍衛長一職。後來，調到國安局工作，再調任爲調查局局長。公正不阿，不畏強權，清廉正直的個性便與我父親一樣，我非常尊敬他。管理調查局時，立下的規矩便如同軍隊一樣嚴格，在他的任內即曾辦理過多件震驚臺灣的大案。要求自己，調查局經手的每個案子都要全盤瞭解，每天親自帶領所有的調查員開會討論案情進展。當然，他也和李博士一樣，背後總有一位默默支持奉獻的夫人，爲他相夫教子，勤儉持家，犧牲自己，成就家庭。吳叔是位軍人，在家時間少，擔任侍衛長時期更得一連七天，全程二十四小時地陪伴經國先生。吳夫人能夠以自己一人之力將一雙兒女拉拔長大，實屬不易。

也因爲吳叔叔的氣節和父親幾乎一樣，我當然相當崇拜他，何況他是陸軍官校正科班，一直晉升到中將，根本就是我心中的大英雄。如今，他已退休多年，只要我返回臺灣，工作之餘一定約吳叔叔出來喝咖啡聊天，向他請教並暢談人生經驗，受益良多，感謝吳叔叔的提膝與指教。

巧遇地產界耆老，創業心法受益良多

此外，我在臺灣還認識了不少名人賢達，記得有次購買公寓，竟又讓我遇到在臺灣房地產界大大有名的前輩—揚昇集團創辦人兼董事長，許典雅先生。許董事長是白手起家的企業主，由家具業的學徒開始，之後轉進建築業，成功打造龐大的建築事業版圖，甚至在臺灣建立了全亞洲第一個符合PGA標準的高爾夫球場。記得當時我只是一個小客戶，不可能由他來接待看屋，但巧合的是當天可能他並不忙碌，於是隨意到會議室看看，就這樣跟我碰上了……。我當時並未認出他，但早已聞他的大名和事跡，只見一個氣宇非凡的人走進會議室，我馬上就感受到這應該就是許董事長。我趨前與他握手並且打聲招呼，而他應該是看出我確實很眞誠，於是親自幫我解說新蓋地標的大廈，並且不厭其煩地爲我解釋購屋的合約內容。我們因此建立了友誼，每次返回臺北時，許董總是非常好客地宴請我吃飯，更將他可貴的創業經歷與心法傳授予我，尤其是如何克服人力和財務困難等祕訣，眞是太感恩了。而我從他學到的房地產心法便是—買了就不要賣，時間長了，房子自自然就會漲價了！

其實許董最讓我敬佩的是，即使事業有成，卻也絕不忘本，反而感恩自己出生貧窮，進而刺激上進的動力。所以他回饋家鄉，幫助兄弟姐妹和親朋好友們。默默行善，投入公益。例如為台灣和亞洲長期培養許多高爾夫球選手，便是一例。他始終感恩自己一生中的貴人，重視誠信和商譽，與我的創業信念不謀而合—公司產品出門，絕對負責到底。若說他是我心目中的商界大英雄和大豪俠，絕不為過！

人的一生，貴人何其多，只要記得心存善念，永遠保持感恩的心，我相信上天終會給你善報！而其實我在臺灣的好朋友還很多，怎奈篇幅有限，無法一一表述，在此致歉。

【第四章】

存好心，做好事，說好話

中國人有句老話：「失敗為成功之母」，

年輕時的我完全不瞭解這句話的涵義。

到了中年，也不見得有多瞭解，

反倒是如今已然邁入知天命之際，

經過多次失敗和成功的考驗，方才逐漸理解……。

壹

「柯布拉基」──我的姓氏是蒙古族來著？！

在浙江省的柯城和瞿縣，我們各捐贈了一所「世華小學」，校址、建築風格和募款成立等事務，都委由浙江省僑務辦公室的領導幫忙規劃、監工和接收。學校成立時我更親自前往參觀訪問，所以在杭州市當地也結交了不少好朋友。在此我要感謝姜敏達主任，協助我處理在浙江省捐贈學校時的一切事務，衷心感謝。

其實我在浙江省也發生過不少事情，例如有一次，正好遇上李昌鈺博士要到杭州市公安局和浙江省員警學院舉辦演講，我自然也就是隨侍身邊、鞍前馬後地照顧師父。當時的杭州市公安局局長是一位剛由北京調來杭州不久的北京「京官」，擺明了就是來此地歷練的。記得有一次中午餐會上，這位局長做了一番自我介紹，名叫「柯良棟」，是湖北人……。我一聽，馬上告訴他我也姓「柯」，父母也是湖北省武漢人，大家很開心地表示，湖北省姓柯的應該都是一家人。而他所用的名字並非採家譜的字輩排的，我當然也不是，我另有一個按照家族字輩的名字叫做「道基」，所以我們分別寫下父母交代的家族「字輩」—我是家族的「道」字輩，而他的字輩與我不同，不過後來發現，我所寫的字輩其實與他們家祖先的字輩是一樣的。我們家族的字輩是「瑞、隆、道、慶、宜、大、義、昌」，這可不得了了，他居然是我的「堂弟」呀？雖然沒有抱頭痛哭，相認經過倒也令人動容。

良棟比我小十一歲，所以稱呼我大哥，其實說不准還得叫聲「叔叔」才對。堂弟告訴我，他是由湖北省大冶縣「柯家村」出來的，是一個出身貧窮農村的孩子，靠著努力念書考取「武漢大學」，念完碩士後再被分配到北京公安部。我們約定好時間，接著便由他和他的太太陪伴我們回湖北省大冶縣的「柯家村」參訪。

記得有一年暑假，我和老婆與良棟相約在武漢市碰頭，我先去武漢探望一些親朋好友，接著便與良棟夫妻倆一起驅車前往約需三、四個鐘頭車程才能抵達的「柯家村」。這個村莊上約有五、六百戶住家，人口約有兩千人，我們找到良棟的高中老師，當然他也姓「柯」。良棟請他拿出族譜道出，娓娓道出我們「柯家」的起源。聊完後我們發現，「柯家村」的族譜大概已流傳有一千多年的歷史，而且我們原來的姓氏是蒙古族的「柯布拉基」，因爲當年鐵木眞要統一蒙古併吞各個部落，「柯布拉基」又只是一個小部落，根本打不過強大的成吉思汗，所以只有兵分兩路：一支往東南方逃，最後在福建省落地生根。而我們這一支則是向西南方逃至湖北省大冶縣，也就是現在柯家村的地點，應該是在宋朝末年時扎根落戶的。其實在柯家村們的字輩並非按照這八個字排序，而是每十二年根據中國每十二年的生肖，再由族裡的長老和先生共同擬定下一輪的十二個字。離開柯家村到外面打拚的子孫，再到祠堂領取當時下面的八個字輩，以後就用這八字輩，輪流使用……。而根據我們這一支的「字輩」來看，祖先們應該是清朝康熙或乾隆年間離開「柯家村」的。也因此，目前保留在「柯家村」的族譜，甚至還留著堂弟他們這一支五十幾代的記載，堂弟和他的兒子仍在族譜上繁衍香火，眞是太感人了。

村莊裡有一柯家宗祠，我們隨後一起前往祭拜祖先，順道也在村莊裡走一走。這裡實是一個貧窮的鄉下農村，整個村莊裡的人都是親戚，遇上老人家，我們就叫聲爺爺、婆婆或是叔叔、大嬸，年記若只比我們稍微大一點的那就叫大哥、大嫂，小一點叫弟弟、妹妹，實在很有意思。本想住上一、兩晚再走，無奈當地的住宿條件實在太差，我們只好返回武漢。堂弟的兒子非常優秀，後來也來美國念書完成大學和碩士學位，小侄子說著一口標準的北京京片子，又是個小帥哥，記得當初來台灣參加我的企業戰士訓練營上課時，根本迷死了我的一班女學員了。小侄子品學兼優，在有名的「哈普金」念完碩士後就去「阿里巴巴」的美國分公司上班去了。堂弟則是在杭州警察局的任期完畢後便調回北京公安部升任副部長，接著又升任到中國人大常委會的副秘書長，官運亨通。他算得上是一個正直清廉的好官，祝福他們全家平安喜樂。

貳

李小龍奇遇記

記得有一年，好友黃律師約我一起去參加知名武打影星李小龍的展覽會。李小龍雖然在一九七三年過世了，然而三十年後仍有不少粉絲前往追悼和懷念。展覽會是由李小龍的女兒李香凝 Shannon Lee 主持，她親切地守在門口一一歡迎大家入內。我們也在打過招呼之後就隨意四處參觀，看看李小龍在世時的一些遺物。

就在參觀的過程中，我一直感覺有雙眼睛在盯著我，猛一抬頭，目光對上了，發覺竟是李香凝小姐正在用奇怪的眼神看著我，而她的眼神讓我感覺有點不自在。我趕忙微笑點點頭表示禮貌，想要離開。豈知她居然向我走過來，輕聲告訴我，請我在展覽會結束之後留下來，她想和我聊一聊……。我實在有一點奇怪，但既然是偶像的女兒提出要求，那我自然不好拒絕，於是就留下來看看究竟是怎麼回事？可是由於粉絲實在太多，即使展覽會結束了，大家仍不願意離開，所以我們就乾脆另約時間再聚。

一個星期後，我們來到一家中國餐廳碰面。

依約到了餐廳，雙方寒暄以後，小龍女直奔主題告訴我，李小龍的名字在中國被許多人冒用，多年來，他們一直無法在中國打贏官司，因爲中國是採取先登記就優先使用的法規，不像美國有法律保護名人例如姓名和肖像權之類的相關權利，而就在展覽會開始前的那幾日，她正在爲此事煩惱……。而奇妙的事情就是在這個實後發生的，她說，自己前一晚夢到爸爸李小龍來托夢，告訴她明天會在展覽會場碰到一個人，而那個人可以幫她解決中國商標的問題，而且她將會一眼就認出是誰！

「而那個人就是你，柯先生。」李小姐非常篤定地跟我說。

我和黃律師聽完後都嚇一跳，心想哪有這種事？我何德何能，雖在中國有一些投資，完成自己興學捐款的目標，也算有一些朋友，可是我哪有上達天庭的能力。可是，這位小龍女一口咬定自己爸爸託夢　的人就是我，而且一定可以幫忙解決，搞得我只能先找個藉口說，讓我想一想，之後再聊。待回到家裡，我想了又想，終於決定找華僑的娘家「中國國務院僑務辦公室」的幾個老朋友商量商量。

我和中國僑務辦公室結緣自捐贈希望小學和響應中國開發大西部的投資，當時辦公室的李主任請我給他們一點時間來研究，之後再通知我結果。幾周過後，李主任的秘書來電問我能否親自帶著李香凝小姐去北京洽談。他們已安排好與中國專利商標局的會議。我一掛上電話，立馬通知小龍女，一行人就急忙趕往北京開會咯。

僑務辦公室的招待人員非常熱情地接待我們，大家當然也爭先恐後地想與李小龍唯一的女兒合照留念。第二天一早，大夥兒在吃了一頓豐富早餐後，就前往中國專利商標局開會，會議全程由王局長親自接待。王局長非常親切地向我們介紹和解釋當時中國的情況和條件，因爲改革開放後，太多事情都需要重新調整歸位，所以確實有很多法律條文尚未妥善因應與修改。大家耐心地聽完王局長的解說，但仍覺得是一頭霧水，我終於忍不住提問：「那我們現在應該如何處理和保障李小龍與其家人的權益？」王局長本人是工程師出身，另外更擁有法學博士的資格，氣質優雅，談吐大方。而我這個急驚風，已然等不及地想要知道如何處理後續事宜，何況我們兩人眞是千里迢迢趕來，目的無非就爲了幫李小龍爭取並維護商標和肖像權益。王局長停頓了一下，喝口茶，徐徐道來：「柯兄，你來中國多年，爲了祖國的改革開放，國家建設做出很多貢獻，這個國家領導們是知道的。而李小龍先生是世界知名的華人代表，也爲祖國和中國文化和功夫建立良好形象。只可惜英年早逝，經過李主任和上級領導們匯報了李小龍家人的情形和希望，這些其實都是合情合理的要求。可惜我們的制度和法律還沒有跟上，所以非常抱歉……。」聽到這裡我心裡其實已涼了半截，因爲看起來似乎是沒有什麼希望和結果了。

李小姐因爲不太懂中文，所以我只好逐句清楚翻譯給她聽。聽到這裡，她當然臉色大變，也很失望。王局長繼續喝著茶，　道：「中國的法律必須由人民代表大會和政協大會提出，經討論投票表決後才能決定，而這起碼需要一年以上的時間。」聽到這個結論，我心裡其實已做好打道回府的準備了。

豈料王局長接著又說：「經過我和李主任向上級領導匯報後，我們評估在歐美和國際間，確實是有立法保障名人家族權益的例子。領導指示我們要協助你們解決這個問題，所以本局有權利設立《臨時法》來暫時確保你們的權益。之後，我們會申報人大還是政協來提案立法。」

看到我們一臉霧水的模樣。王局長再度解釋；「我們的《臨時法》就是要求從今起，任何人不准擅用李小龍的名字還是肖像做任何行爲，除非得到李小龍家屬即李香凝小姐和李小龍妻子琳達女士的同意。至於那些已經先前登記的部分，你們可以申請取消他們的登記，而這是《臨時法》的證明文件。」王局長順手遞上一疊文件交給我們。

萬萬想不到我們竟然成功了。李小姐聽完我的翻譯之後，突然抱著我痛哭失聲，口中一直感謝大家。而這也眞是出乎我意料之外的事情。過程眞是超乎想像的順利，那時我心裡只感覺，這一切肯定是李小龍在天之靈護佑。

晚上，李主任特別在酒店爲我們舉辦慶功宴和離別晚會，我們只有感謝感謝再感謝。離別時，我偷偷問了李主任，這究竟是哪一位領導幫忙的？他笑笑說：「天機不可泄露。」幾年以後，她升任政協副主席，有次在某個場合碰上他，我開玩笑地再次問起這件事，他仍然守口如瓶不肯透露是誰幫的忙。不過，我大致猜想得到，在中國大陸當時的社會氛圍，這肯定是天字號的人物出手相幫才能成局。

感謝，感恩。

去年，小龍女完成了李小龍留下的劇本並拍成數十集的影集，，劇名「Warrior」內容是有關早期中國人到美國打天下的劇情，收視率還蠻高的。加上中國仿冒李小龍的案子也被一一清除，事情總算有個美好結局。我記得某家中國快餐連鎖店「眞功夫」，就是盜用李小龍的肖像權而在多年後終於被起訴了，這個結果也令我感到十分欣慰。經過這檔事，我們自然成爲好朋友，李小姐甚至送給我好幾件李小龍的珍貴遺物當謝禮，前幾天還接到李小龍太太琳達的電子郵件，囑咐我要小心疫情，並表示她們也都很平安。

總之，我做了自己認爲該做的，應可告慰李小龍在天之靈了吧。而這段奇妙的相識經過，在此記錄下來，留做紀念！

陪著小龍女（居中者）一起到北京，為李小龍家族爭取權益。

作者（左一）獲得美國黑帶八段榮譽總教練頭銜，美國國會議員和李小龍女兒（居中者）前來觀禮。

李小龍女兒李香凝女士（前排左一）前來家中一聚。

參

回饋天主教福利會，喜樂滿溢

天主教的信念是，一旦懷孕就已經是一個獨立的生命體，這是萬萬不可以殺死的。而臺灣社會的風俗觀念向來是無法接受孩子們先產子再結婚。所以，早年民風保守的臺灣社會，未婚女子只要懷孕了，往往就是驚慌失措，加上當年也沒有什麼社會服務中心來幫助這些無知婦孺，導致社會問題層出不窮。後來，許多有志之士有鑑於此，成立未婚媽媽中心來安頓這些孩子們，除了提供住宿，並且有輔導老師和社工可以幫忙她們度過難關。同時教育她們，讓她們安心生下孩子，再經過輔導幫助年輕媽媽們重返學校或培養一技之長，以便未來有能力養活自己。另外也成立了「嬰兒中心」照顧剛剛出生的小嬰兒。

當時絕大多數的孩子都是送往美國和加拿大的領養家庭。華人家庭領養較少，領養者多半都是白人家庭。記得有一次我到中心，看到一對美國夫婦來帶孩子，我趨前禮貌地答謝：「謝謝你們給這個孩子一個家。」豈知對方竟皺著眉頭回答我：「你弄錯了，是我們要謝謝這個孩子給我們一個家庭。」哇，這是多麼不一樣的觀念啊，對方這種充滿正能量與感恩的思想，讓我至今感動不已。

天主教福利會——王長慧修女

而我與天主教福利會的王長慧修女，便是因著認領女兒而認識的。王修女先是成立了未婚媽媽中心，幫助年輕不懂事的小女孩子。後來繼續成立規模較大的孩子中心和中途之家，幫助許多的受苦的孩子們。

一九八六年，我因爲要辦理領養而認識了 Sister Rosa 王長慧修女。當年，我領養了大女兒，一九八八年，我又領養了大兒子。我與前妻盡心培育他們長大成人，大學畢業以後，他們先到其他公司工作了幾年，現在則都回到我美國公司裡幫忙。我自己還有兩個親生兒子和一個小女兒，所以我一共有五個孩子。

其實在「中心」裡的每個孩子，每個人都有一個「淒涼」甚至「悲慘」的故事，容我無法在此一一表述，等待日後有機會再跟大家描述。三十幾年的時間過去了，王修女幫助了上千的孩子們找到幸福的家庭，也在我們自己的中心養育了許多需要幫助的孩子們，給了他們一個大家庭。許多孩子長大踏入社會，也會在逢年過節時返回中心，看望這個養育她的大家庭。近年來，王修女終因爲積勞成疾，所以不得不退休靜養。她比我大上整整十來歲，是我心裡最尊敬的老大姐，我更知道她就是天主派來照顧孩子們的天使。

感謝天主！

只是並非每個孩子都會被領養，有些人會因爲手續問題而被延誤，有些孩子就是無論如何，沒有人願意領養……。當然也有是疾病問題，無法被領養，例如中心裡有一個小侏儒，小名叫「豆豆」，他在中心住了十年。當初，醫生曾經告訴我們，「豆豆」大概只能活到十歲左右。直到突然有一天，從美國德州來了一對侏儒夫婦，他們願意領養一個侏儒孩子，而我們誠實告訴他們豆豆可能無法再活多久。豈知他們並不在乎，仍然決定領養他。如今，十年過去了，豆豆依舊健在，記得中心舉辦三十年慶祝會時，這對美國侏儒夫婦竟也帶著豆豆返回臺灣參加活動，實在太令人欣慰啊。看到豆豆已經二十歲了，依然活得好好的，長高了，精神也非常好，而且非常健康。而且過去我一直以爲豆豆是個男孩子，直到他們這趟來臺灣在回來，我才發現她原來是個小女孩。還有一位多年前躺在中心門口，失去兩條手臂的棄嬰，她也和她的領養父母一起回來參加慶祝會，看到眼前那麼清秀的小女孩，讓我和王修女都流下了喜悅的眼淚。我們所做的這一切都值得了。

感謝天主。

天主教福利會裡有許多愛心滿溢的志工，中心事務繁忙，我們確實非常需要有愛心的人士來幫忙。像是幫忙餵奶、餵飯或洗澡等等，你可能不相信，這群小孩子有多需要跟渴望大人的擁抱與關愛。只要我去看他們，大夥兒總會自動跑到身邊來，希望我們抱抱他、關心他。而王修女退休後。幸運的是天主又派遣了一位既有愛心又有經驗的丁雁琪女士來擔任中心的執行長。我們很幸運擁有一群愛心滿滿的指導老師、幕僚和員工，謝謝大家無私地奉獻，照顧孩子們。筆者在此一併謝過且致上最深的敬意，因爲你們的奉獻努力，給予了這群可憐的孩子們新的生命和希望！

作者與王長慧修女合影留念。

肆

不義之財，不可取

父親在海關任職三十多年，兩袖清風，一骨傲氣和正氣。我們隨著父親辛苦度過童年歲月，母親更是含辛茹苦地持家。我到美國念書必須做「洗碗工」，嚴格說來還眞是託了父親的福，畢竟父親當時服務的海關職位可是別人眼裡的大肥缺，但就是因爲他的正直清廉，我的留學歲月，過得並不輕鬆……。

雙親從不參與任何違法的事情，安分老實地盡公務員的本份，而我承自他們的教誨，當然也是這樣教育我的孩子。只是天不從人願，我在上一本書中記載了許多件自己被合夥人及下屬背叛的慘事，眞可謂血淚斑斑。而這三十多年來，這些人的下場也都幾乎是身敗名裂，家破人亡，眞可說是天理昭昭。記得父親在海關的同學和同事，所有曾經貪污的官員往往也都難逃法理網，沒有一個有好下場。所有貪污而來的不義之財，全部化爲烏有，唉，雖說人爲財死，鳥爲食亡，但畢竟世間是有公義的，大家還是要持正己心，才能保全！試想許多　富不仁的大富豪，死後，子女們爲了爭奪財產，反目成仇，甚至對簿公堂，整個家族成爲笑話，豈不謬哉！

《三字經》開宗明義便已清楚點名：「人之初，性本善；性相近，習相遠」，人性的問題一點就通！每個人生下來時雖是「善」的，可是若無後天的教育和學習，往往就會變成「惡」了。而下一句「苟不教，性乃遷；教之道，貴以專」，更是提醒我們大家若從小就不接受良好教育，善良的本性往往就變壞了。從這兩句話即可說明臺灣從家庭、乃致學校甚至社會，教育對一個人的重要性。上一代祖先的水準好壞，就已決定下一代子孫的好壞，奉勸所有爲人父母者都應該好好閱讀這本老祖先留下來的「傳家寶」！

害人之心不可有，天理昭彰躲不過

最後想跟大家再分享一個我親身經歷的故事，事情大概是發生在二OO四年……。內人在臺北從小一起長大的教會朋友，有個女兒名叫「妞妞」，來美國念完碩士後來到洛杉磯尋親。當然，內人肯定大力幫忙，除了介紹工作，平時也噓寒問暖，方多照顧。後來，她認識了一位男生名叫 Richard，兩人戀愛多年後論及婚嫁，我們自也出錢出力幫忙籌辦婚禮。然結婚不過半年，妞妞便哭哭啼啼地找內人，表示 Richard 被公司辭退了，而且公司還要控告他，說是利用公司設備在上班時間另外做生意。當然，老婆大人肯定來找我幫忙了，而我找了律師朋友幫忙，辛苦忙和一陣子後，總算是讓他跟公司和解，免去一場牢獄之災。

結果，Richard 好一陣子找不到工作，妞妞又上門來求救了，希望我能夠幫他找一份工作。但因爲昔日記錄不好，我也不方便推薦，於是乾脆跟夫人商量後，便將他帶在身邊歷練歷練。當時自己身邊正好也需要一個業務助理，所以就姑且試一試吧。Richard 這個人外表不錯，加上行止彬彬有禮，剛上任時也算努力學習，所以事情發展還算順利。同時，妞妞發現自己懷孕了，夫人當然又是好一陣子忙前忙後，更協助他們買房子，眞可說是盡心盡力，出錢出力。這一段時間 Richard 也都安分守己，工作表現不錯。直到有一次，客戶來找我們合作研發「防盜保安」的產品，我便讓 Richard 去處理。

等到過了一段時間，我開始向他詢問專案的進度，可疑的是我每次問他，他通常辯稱事情尚無進展，而我也不疑有它。直到有一天，他突然來辦公室跟我表達辭意，表示因工作壓力太大，精神和身體承受不了了，決定辭職。我因覺得事情發展太可疑了，於是多方探聽，這才發現他早被這個公司收買，直接將公司所有機密洩漏給對方。而令人難過的是，妞妞竟也幫他一同欺騙我們，甚至是她遠在臺灣的雙親，內人的多年好友也一起欺瞞我們。天呀，這群自稱是「虔誠基督徒」，天天向主耶穌祈禱的人，其離譜行徑，眞是令人瞠目結舌。所有事情都是「若要人不知，除非己莫　」，紙當然包不住火，壞事肯定會被揭露出來的。

而這次事件重重打擊了我的生意，我向來是不服輸的個性，於是決定發揮特種部隊的奮戰精神，再度召開誓師大會，決定把我在美國的所有業務人員集合起來反攻，大家同仇敵愾，只要在商場上碰到他們就迎頭痛擊。結果，對方後來實在無力迎戰，加上長期虧損，終於關門大吉。而 Richard 和妞妞兩人，我則是在十多年後，透過教會朋友告知，妞紐幾乎被 Richard 搞到瘋掉，還曾進入精神病院治療，兩人最後自然是離婚收場了……！又是一個做壞事情的下場，身敗名裂，家破人亡，這就是報應吧！何苦來哉？

人生但求平實穩當，才德兼修是理想

我們從小父母就教育我們「人窮，志不窮」，然我和李博士協助 319 槍擊案時，外面卻有謠言說，「阿扁」總統曾給李昌鈺博士一億美金的賄賂。孰不知當年參與那個案件，團隊所有開支都由我經手處理，怎麼可能有那種事情發生？所以李博士經常拿這個謠言出來開玩笑說：「是不是我把阿扁的一億美金黑吃黑幹掉了？」其實別說一億美金，就是一百億、一千億、一萬億，我們的道德和人格都是無價的，開什麼玩笑！李博士常常開玩笑說我「監守自盜」。不過在此我要承認一件事情，我確實偷過「李博士」的東西，一是他上課送給觀眾和學生的紀念品，另外就是大家送李博士的禮物，例如上好的茶葉便是，師母總說這是一輩子都喝不完的，所以我當然義不容辭地幫忙消滅囉。呵呵呵……

中國大陸改革開放以後，經濟直線上升，當然也冒出不少貪官污吏，我也見識過不少。地方幹部的圈地、各種欺詐企業的花樣百出，設下陷阱害台灣廠商的企業主也不少，但無論如何，這些惡人都沒有好下場的。在我個人的創業生涯中，最大的感受是：「才德兼備」者大概只有百分之一，這些人大多是人生各項目均保持成功的人，事業、金錢、家庭、親朋好友、公益、個人品德均完整。而約有百分之九的人是屬「有才無德」者，這種人通常落得身敗名裂，家破人亡。最後百分之十則是「無才無德」者，他們通常下場淒慘，不得善終。在我的認知裡，「有才無德」者遠比「無才無德」更壞，畢竟害人害己，甚至危及家庭和國家社會，損失慘重啊。而剩下這百分之八十的我們充其量就算是中德中才吧，只要平平淡淡，穩穩當當過日子，即使無法給社會國家帶來多大貢獻，至少也沒有做壞事危及眾人，即使未來上不了天堂，總也不致於下地獄受苦，齊待來生再修練囉。

人生在世，要懂得感謝幫助過我們的貴人，要「感恩惜福」；保握機會樂善好施，多多幫忙有需要的人，盡可能給子孫「積德」，所以我兩個兒子的名字分別為「慶恩」和「慶德」，因為他們在家族裡的排序是「慶」字輩，我的書房名則為「慶德堂」，這一切都是我用來時刻警惕自己的地方。

最後，我用星雲大師曾說過的三句話來勉勵大家：「存好心，做好事，說好話」話說簡單但做起來不容易啊，就當作彼此勉勵了！

伍

失敗不可怕，只要你不怕失敗

中國人有句老話：「失敗爲成功之母」，年輕時的我完全不瞭解這句話的涵義。到了中年，也不見得有多瞭解，反倒是如今已然邁入老先生之際，經過多次失敗和成功的考驗，方才逐漸理解……。

說起我這一生，失敗經驗太豐富了。學業成績中上普通，操行永遠是在六十分的及格邊緣遊走，總之就不是一個品學兼優的好孩子。初中聯考也只考到倒數第二的初中學校，高中聯考更是名落孫山，好在服兵役時在特種部隊經過嚴格訓練，把我從一個大孩子改變成一個男人，蛻變成稍微懂事的大丈夫。赴美念書的艱苦過程，更讓我從底層的洗碗工開始歷練，這才眞正瞭解「大丈夫能屈能伸」道理。年輕時的我也曾犯過許多錯誤，即使在美國企業工作時一帆風順，但在創業過程中，我也是失敗多，成功少，主因是「不知人，不識人，不擅用人」。但即使如此，我並未退卻，失敗了再站起來就是。我更是並未因此放棄人性本善的執念，仍然以誠待人。我也有過一次婚姻失敗的經驗，所以我更珍惜良好的姻緣。失敗不可恥，不要　了面子而去掩飾，既不值得也沒必要。

成功和失敗有時是併駕齊驅的，在美國企業一帆風順，年僅二十九歲便升任副總經理，負責公司財務和行政部門。總公司給我的任務是整頓公司　部預算不清，政令不通，人事混亂，浪費舞弊等不良風氣。年輕氣盛的我，運用當兵跟待在部隊裡學習到的管理知識，雷厲風行地掃盪公司內部，雖然快速糾正公司　部的惡習，卻也因此得罪不少人。公司要求的目標雖說完成了，但我在做人處事上卻是徹徹底底的失敗，幾乎所有的員工和主管幾乎都被我緊迫盯人，絕對不允許任何偏離公司的政策和規定，尤其是取消了許多不必要的加班和過分不合理的福利，當然讓每個人都恨我恨得咬牙切齒！即使人人都知道我所做的事情是對的……。

經過這一次的體驗，著實讓我理解父親當初當一個「清廉」忠臣的辛苦。

害怕失敗是人的天性，每個人都渴望成功，但這是不可能的！我們要將失敗視爲兵家常事，甚至是如今因爲新冠病毒肆虐，百業蕭條，我們也不該因此被打倒，要試著學習如何戰勝失敗，獲得成功！遭遇失敗時要勇敢面對它，總要看清楚爲何失敗然後再倒下，要張大著眼睛往前倒下去，看清楚失敗的眞面目，記住失敗的原因，並且記住教訓不要重蹈覆徹。我們當然要學習成功心法，我卻認爲，眞正的勇者是在失敗後，仍可重新站起來的那份毅力與勇氣，堅　地持續下去，不達目標絕不終止！

總之，記得不要怕失敗，因　維有曾經遭遇失敗，我們才會懂得珍惜成功！

且行且珍重：阿瑟人生的奇幻漂流 / 柯約瑟作 . -- 初版 . –
臺北市 : 時報文化 , 2020.08
208 面；14.8*21 公分
ISBN 978-957-13-8267-8（平裝）
1. 柯約瑟 2. 企業家 3. 自傳
785.28 109008773

ISBN 978-957-13-8267-8

觀成長 30

且行且珍重：阿瑟人生的奇幻漂流

作　　者—柯約瑟
視覺設計—徐思文
主　　編—林憶純
行銷企劃—許文薰

第五編輯部總監—梁芳春
董 事 長—趙政岷
出 版 者—時報文化出版企業股份有限公司
108019 台北市和平西路三段 240 號 7 樓
發行專線—（02）2306-6842
讀者服務專線— 0800-231-705、（02）2304-7103
讀者服務傳眞—（02）2304-6858
郵撥— 19344724 時報文化出版公司
信箱— 10899 台北華江橋郵局第 99 信箱
時報悅讀網— www.readingtimes.com.tw
電子郵箱— yoho@readingtimes.com.tw
法律顧問—理律法律事務所 陳長文律師、李念祖律師
印刷—勁達印刷有限公司
初版一刷— 2020 年 8 月 21 日
定價—新台幣 350 元
（缺頁或破損的書，請寄回更換）

時報文化出版公司成立於 1975 年，並於 1999 年股票上櫃公開發行，
於 2008 年脫離中時集團非屬旺中，以「尊重智慧與創意的文化事業」爲信念。